ELOY MORENO

UNSICHTBAR

Aus dem Spanischen
von Ilse Layer

SAUERLÄNDER

Aus Verantwortung für die Umwelt hat sich der Fischer Kinder- und Jugendbuch Verlag zu einer nachhaltigen Buchproduktion verpflichtet. Der bewusste Umgang mit unseren Ressourcen, der Schutz unseres Klimas und der Natur gehören zu unseren obersten Unternehmenszielen.

Gemeinsam mit unseren Partnern und Lieferanten setzen wir uns für eine klimaneutrale Buchproduktion ein, die den Erwerb von Klimazertifikaten zur Kompensation des CO_2-Ausstoßes einschließt.

Weitere Informationen finden Sie unter: www.klimaneutralerverlag.de

2. Auflage
Erschienen bei FISCHER Sauerländer

Die spanische Originalausgabe erschien 2018
unter dem Titel *Invisible* bei Nube de Tinta, einem Imprint der
Penguin Random House Grupo Editorial, Barcelona
© 2020, Eloy Moreno
© 2020, Penguin Random House Grupo Editorial, S. A. U., Barcelona

Für die deutschsprachige Ausgabe:
© 2023 Fischer Kinder- und Jugendbuch Verlag GmbH,
Hedderichstraße 114, D-60596 Frankfurt am Main

Satz: Pinkuin Satz und Datentechnik, Berlin
Druck und Bindung: CPI books GmbH, Leck
Printed in Germany
ISBN 978-3-7373-7215-2

Jeder kann ein Held sein. Auch ein Mann, der etwas so Einfaches tut, wie einem kleinen Jungen einen schützenden Mantel um die Schultern zu legen, und ihm zeigt, dass die Welt nicht untergegangen ist.

BATMAN
Der dunkle Ritter

*Man braucht keinen Röntgenblick zu haben,
um zu sehen, dass etwas nicht gut ist.*

SUPERMAN

Sie steht seit mehreren Minuten an der Ecke gegenüber und sieht unschlüssig zum Eingang. Soll sie jetzt hingehen oder morgen mit denselben Bedenken wie heute wiederkommen?

Sie holt tief Luft und läuft los. Überquert die Straße, fast ohne nach rechts und links zu sehen, und drückt nach ein paar Metern Gehweg ängstlich die Tür auf.

Jetzt ist es entschieden.

Sie wird gebeten, einen Moment auf der Couch Platz zu nehmen, sie sei gleich dran.

Beim Warten betrachtet sie die Kunstwerke an den Wänden: Motive, die wohl kaum ein Museum ausstellen würde und doch meistens von weit mehr Menschen gesehen werden.

Bei ihr nicht. Ihr eigenes wird nur sie selbst sehen, niemand sonst. Das denkt sie zumindest jetzt.

Nach wenigen Minuten wird sie in einen anderen Raum gebeten, der kleiner, dunkler, intimer ist …

Gleich beim Eintreten sieht sie ihn.

Er liegt flach auf dem Tisch, groß, sehr groß, groß genug, um ihren ganzen Rücken zu bedecken: ein riesiger Drache.

Sie bekommt noch einmal erklärt, wie es abläuft, wie

lange es dauert, welche Technik eingesetzt wird ... und vor allem wird sie auf eins hingewiesen: Wenn es auf einem normalen Rücken schon weh tut, dann auf ihrem noch viel mehr.

Sie überlegt wieder ein paar Sekunden lang.

Und entscheidet sich weiterzumachen.

Sie zieht T-Shirt und Hose aus, dann auch den BH, und so, praktisch nackt, legt sie sich bäuchlings auf die Liege, mit bloßem Rücken, dessen Anblick weh tut. Ein Rücken voller Narben. Sie rühren von Verbrennungen her und sind auf der Haut einer Frau mitgewachsen, die vor vielen Jahren, als sie noch klein war, der Hölle einen Besuch abgestattet hat.

»Dann wollen wir mal«, hört sie.

Sie erschauert und presst die Augen so fest zu, dass sie in die Vergangenheit zurückkehrt, zu dem Moment, als alles passiert ist.

Es ist lange her, aber sobald sie daran denkt, sind der Schmerz und die Angst wieder da. Sie gehen einfach nicht weg. Im Lauf der Jahre ist ihr klargeworden, dass manche Erinnerungen genauso qualvoll bleiben wie am ersten Tag.

Und so erwacht auf einer wulstigen Haut, die nach Vergangenheit riecht, Stück für Stück ein Drache zum Leben.

Nach mehreren Stunden, in denen ihre Gedanken von der Gegenwart in die Vergangenheit geschweift sind, wie ein Vogel, der genauso viel Angst davor hat, den Boden zu berühren, wie davor, weiterzufliegen, steht die Frau auf, um sich im Spiegel anzusehen.

Da ist er, das erste Stück eines Drachen, *ihres* Drachen. Der anfängt, wo der Rücken in den Po übergeht, und in ein paar Tagen, wenn er fertig ist, im Nacken enden wird.

Sie seufzt und lächelt. Endlich hat sie sich entschieden.

Was sie noch nicht weiß: Es wird Momente geben, da wird dieser Drache aufwachen, und sie wird ihn nicht immer im Griff haben können.

Was sie noch nicht weiß: Nicht sie lässt sich einen Drachen auf den Rücken tätowieren, sondern der Drache hat einen Körper gefunden, auf dem er leben kann.

★★★

UNSICHTBAR

Mir ist schon wieder dasselbe passiert.

Ich bin gerade zitternd aufgewacht, das Herz hämmert mir an die Rippen, als wollte es rausspringen, und mit dem Gefühl, dass auf meiner Brust ein Elefant sitzt.

Teilweise fällt mir das Atmen so schwer, dass ich denke: Wenn ich den Mund nicht ganz weit aufmache, kriege ich keine Luft mehr.

Zum Glück weiß ich inzwischen, was ich dann tun muss. Das haben sie mir am ersten Tag erklärt, als ich hier ankam, oder vielmehr am dritten, von den ersten beiden Tagen weiß ich nämlich nichts.

Ich muss von eins bis zehn zählen und dabei langsam ein- und ausatmen. Das soll bewirken, dass sich mein Körper nach und nach beruhigt, das Herz wieder an seinen Platz zurückkehrt und dieser Elefant verschwindet.

Eins, zwei drei ... ich atme ein und aus.

Vier, fünf, sechs ... ich atme ein und aus.

Sieben, acht, neun und zehn, ich atme ein und aus ...

Und dann wieder von vorn.

Es ist auch wichtig, nicht in Panik zu verfallen, sagen sie. Ich soll mir klarmachen, dass ich an einem sicheren Ort bin, ich soll nicht nervös werden ... damit es mir nicht so geht wie in der ersten Nacht. Da bin ich beim

Aufwachen derartig erschrocken, dass ich geschrien habe.

Und das mache ich jetzt: Ich versuche, nicht panisch zu werden, warte ab, bis sich meine Augen auf das wenige Licht um mich herum eingestellt haben und ich etwas erkennen kann.

Eins, zwei, drei, ich atme ein und aus …

Vier, fünf … ich atme ein und aus …

Sechs, sieben …

Es scheint zu funktionieren, ich zittere nicht mehr, mein Herz schlägt langsamer, und der Elefant auf meiner Brust ist fort.

Ich rühre mich nicht.

★★★

Jetzt, wo ich ruhiger bin, kann ich mehrere Geräusche unterscheiden: entfernte Schritte, ganz langsam ... als würden Leute schlurfen; Stimmen, Geflüster, Worte, die ich nicht verstehe; seltsame Geräusche, als würde jemand schluchzen und sich dabei den Mund zuhalten; mal Stille, mal ein Schrei ... und noch tausend andere Geräusche.

Ah, und bei diesen ganzen Geräuschen ist auch eins von mir dabei, ich sage *von mir*, weil es in meinem Kopf ist. Eine Art lautes Pfeifen, so laut, dass es mir manchmal vorkommt, als würde sich eine Nadel einmal quer durch meine beiden Trommelfelle bohren. Es kommt und geht den ganzen Tag über, am meisten nervt es mich aber nachts, wenn alles ruhig ist.

Eins, zwei, drei ... ich atme ein und ...

Und höre auf zu zählen. Ich hab's geschafft, glaube ich.

Ich bin ruhiger. Weiß, wo ich mich befinde. Deswegen traue ich mich, mich zu bewegen, und da kommt der Schmerz.

Ich bewege die Finger, mache langsam die Hände auf und zu, zuerst die linke, dann die rechte, dann beide gleichzeitig. Probiere es mit dem Hals, und das tut weh, sehr weh, aber ich versuche es weiter, drehe den Kopf zentimeterweise nach beiden Seiten.

Ich mache weiter.

Bewege auch die Beine, erst das linke, dann das rechte …

Und als ich das rechte Bein beugen will, merke ich, dass eine Hand auf meinen Oberschenkel drückt.

Wieder Panik.

Zittern.

Der Elefant ist wieder da.

Eins, zwei, drei … ich atme ein und aus.

Vier, fünf, sechs … ich atme ein und aus.

Sieben, acht, neun …

★★★

Ich strecke das Bein wieder, aber die Hand lässt mich nicht los.

Ich versuche mich zu erinnern, was los ist, warum diese Hand da ist, warum ich dieses laute Pfeifen höre, warum ich in diesem Bett liege, warum ich manchmal das Gefühl habe, unter Wasser zu sein und zu ertrinken …

Ich richte den Blick auf die kleine Uhr an der gegenüberliegenden Wand, so eine mit Leuchtziffern, die man im Dunkeln sehen kann: 2:14, ungefähr dieselbe Zeit wie in den letzten Nächten. Anscheinend kann ich trotz der Tabletten nicht länger als drei oder vier Stunden am Stück schlafen.

Dabei ist es schon viel besser: Beim Aufwachen schreie ich nicht mehr, jaule nicht mehr bei jeder Bewegung vor Schmerzen, und jedes Mal dauert es weniger lang, bis ich weiß, wo ich bin. Ah, und das Wichtigste von allem: Jetzt können mich die Leute sehen.

Ich glaube, seit dem Unfall kann ich nicht mehr unsichtbar sein, vielleicht hat der Aufprall etwas in mir verändert. Oder womöglich sind Superkräfte genauso schnell wieder weg, wie sie gekommen sind. Ich bin seit fünf Tagen hier, und bisher habe ich es noch nicht hinbekommen.

Ich versuche noch ein bisschen zu schlafen, und wenn es bloß eine Stunde ist. Eine Stunde ist besser als nichts.
Ich schließe die Augen.
Zähle von eins bis zehn.
Atme langsam.
Die Hand ist noch da und hält mein Bein fest.

★★★

Die Hand mit den hundert Armreifen

Im selben Moment, als jemand bisher Unsichtbares wieder einzuschlafen versucht, ist fünf Kilometer entfernt in einem kleinen Zimmer in einem sechsstöckigen Wohnhaus eine Hand voller Armreifen aufgewacht. Zeitgleich mit dem dazugehörigen Körper.

Seit fünf Tagen, genau seit dem Unfall, schläft sie nicht mehr gut. Sie nimmt auch Tabletten, und bei ihr wirken sie auch nicht.

Mitten in der Nacht wacht sie nervös auf, läuft in ihrem Zimmer herum und blickt immer wieder aus dem Fenster in den Himmel, der genauso schwarz ist wie jetzt ihr Gewissen.

Schon seit fünf Tagen sieht sie das Leben verschwommen, wie durch eine Tränenbrille, die sie nicht abnehmen kann. Schon seit fünf Tagen schreibt sie an einem Liebesbrief, der mit Wut beginnt und mit Hass endet. Einem Liebesbrief, der seinen Empfänger vielleicht nie erreicht, der weggeworfen oder in Vergessenheit geraten wird.

Sie blickt aufs Handy, das in letzter Zeit stumm ist. Sie öffnet die Fotos und muss mehrere Monate zurückgehen, bis sie eins von denen findet, die sie interessieren.

Da ist das erste, er lächelt, alle drei am Strand.

Da ist das zweite, er allein, zwinkert ihr von weitem zu.

Da noch ein neueres, von seinem letzten Geburtstag, wie er die Kerzen so heftig auspustet, dass die Torte fast wegfliegt.

Und ein viertes und fünftes und noch eins und noch eins … Während sie immer schneller wischt, kommen die Tränen, die Wut, die Ohnmacht und der Schmerz … denn der kommt irgendwann immer.

Sie wirft das Handy weg in einem sinnlosen Versuch, damit die Vergangenheit auszulöschen, und lässt sich aufs Bett fallen.

Und genau in diesem Moment, unter Schmerzen und im Bett, trifft sie endlich die Entscheidung, die sie schon seit Tagen hinauszögert.

★★★

Geweckt hat mich wieder dieses ätzende Pfeifen. Als hätte mir jemand eine Pfeife ins Ohr gesteckt und würde reinblasen und nicht mehr aufhören.

Ich halte mir die Ohren ganz fest zu, schließe die Augen und reiße den Mund auf, so weit ich kann … aber das Geräusch in mir drin bleibt.

Ich atme langsam, bis es ganz allmählich nachlässt. Irgendwann ist es weg, aber nur scheinbar, es hat sich bloß versteckt, um mich wieder aufzuwecken, sobald ich schlafe.

Ich öffne die Augen.

Blicke zur gegenüberliegenden Wand: 6:26.

Ich glaube, für heute ist es mit dem Schlafen vorbei.

An alles, was in den Wochen vor dem Unfall passiert ist, kann ich mich genau erinnern, aber an nichts, was seither passiert ist. Ab und zu kommen Sinneseindrücke: das Gefühl zu ertrinken, durch die Luft zu fliegen, dass jemand mir Feuer in den Mund steckt, ein Geräusch, das alles andere übertönt …

Und dann bin ich hier aufgewacht, in diesem Bett, in diesem Zimmer. Ich hätte zwei Tage geschlafen, hieß es.

Aber was vor dem Unfall war … das weiß ich alles noch. Und mir wird klar, wie sich mein Leben in wenigen Monaten verändert hat. Als wäre ich in eine Achterbahn gestiegen, die nie mehr anhält. Aber die Fahrt ist zu Ende. Seit fünf Tagen.

Seit das alles passiert ist, kriege ich dauernd Besuch. Eine ganze Menge Freunde sind vorbeigekommen, die alten und auch andere, von denen ich gar nichts wusste. Auch viele Verwandte, wobei ich manche noch nie im Leben gesehen hatte.

Aber vor allem sind die ganzen Leute gekommen, die mich bisher nicht sehen konnten und die sich jetzt, wo ich in den Nachrichten bin, überzeugen wollten, dass es stimmt, dass ich wieder sichtbar bin.

Ah, und natürlich sind auch viele Journalisten gekommen, sogar welche vom Fernsehen, aber die durften nicht mit mir sprechen. Ich weiß, dass oft über mich berichtet wurde, in der Zeitung, im Radio, im Fernsehen ... aber ich konnte nichts davon sehen oder hören, es wurde mir nicht erlaubt.

Seltsam. Ausgerechnet jetzt, wo ich wieder sichtbar bin, fühle ich mich verlorener denn je.

6:46.

Durchs Fenster kommt jetzt Licht, das bedeutet, dass der Betrieb bald losgeht. Ich werde einen weiteren Tag hier liegen. Und die Hand wird auch da sein und mich am Bein oder am Arm festhalten oder mir die Hand drücken, jedenfalls wird sie da sein, darauf kann ich mich verlassen.

★★★

Das Gesicht mit einer Narbe an der Augenbraue

Es ist auch 6:46 in einer Wohnung im Stadtzentrum. Dort liegt noch jemand im Bett, dem das Schlafen fast so schwerfällt wie das Wachbleiben. Gewissensbisse.

Er steht auf, geht lautlos ins Bad und stellt sich vor den Spiegel. Betrachtet seine rechte Augenbraue, die mit der kleinen Narbe, streicht mit der Fingerspitze darüber und erinnert sich, wie er sie bekommen hat: vor vielen Jahren, in einem Park, zwei Fahrräder, ein Wettrennen.

Während er daran denkt, werden seine Augen feucht, denn schon seit mehreren Monaten ist dieses kleine Mal in seinem Gesicht das Einzige, was sie beide verbindet.

Er geht aus dem Bad wieder ins Bett.

Schon seit fünf Tagen überlegt er, ob er etwas sagen oder schweigen soll wie bisher. War er ein Feigling oder nur ein Überlebender? Er weiß es nicht.

Er hat ihn im Krankenhaus besucht, aber sie haben kaum gesprochen. Die Situation war sehr unangenehm, wie ein Wiedersehen mit jemandem, von dem man nicht weiß, ob man sich verabschiedet hat. Ganz eigenartig.

Nach so vielen Jahren der Freundschaft standen sie voreinander und wussten plötzlich nicht, wie sie sich ansehen sollten. Die Körper waren noch dieselben, aber die Worte fanden sich nicht wieder.

»Hallo«, sagte er gleich beim Reinkommen und versuchte, sich den Schreck nicht anmerken zu lassen: über seinen kahlrasierten Schädel, die Verletzungen im Gesicht und die Sonde in seinem Arm.

»Hallo«, gab der andere zurück.

»Wie geht's dir?«, fragte er dann noch wie jemand, der sagt, dass der Himmel weit weg ist, dass der Schnee weiß ist oder dass es im Winter kalt ist.

»Ach, schon ein bisschen besser ...«

»Hier, ich hab dir was mitgebracht.« Und der Junge mit der Narbe an der Augenbraue gab ihm ein Päckchen.

»Danke«, erwiderte der andere und machte sich ans Auspacken ...

Dabei wurde das Schweigen so laut, dass ein paar Minuten lang nur das Rascheln des Geschenkpapiers zu hören war. Ein peinliches Schweigen, so eins, das alle schnell beenden wollen, aber nicht wissen, wie.

»Ich glaube, die hattest du noch nicht?«, sagte der Junge mit der Narbe an der Augenbraue schließlich.

»Nein, die hab ich nicht, vielen Dank«, log der andere ihn an, während er den Inhalt des Päckchens betrachtete.

Ich betrachte wieder die Hand, die mich nicht losgelassen hat, seit ich hier bin. Seit fünf Nächten.

Das macht sie, glaube ich, weil sie immer noch Angst hat, dass ich von einer Sekunde auf die andere wieder unsichtbar werden könnte und sie mich dann nicht mehr findet. Wenn sie mich am Bein festhält, weiß sie zumindest, wo ich bin.

Und ich brauche die Hand auch, deshalb kriege ich jede Nacht, wenn ich sie bemerke, zuerst einen Schreck, aber dann begreife ich: Wenn ich wieder verschwinde, weiß wenigstens jemand, wo ich bin.

Ich lege die Hand auf ihre und nehme ihre warme Haut wahr, drücke sie und spüre ihre Herzschläge in ihren Fingern ... Und flüstere ihr etwas zu, das ich nie zu ihr sagen würde, wenn sie wach wäre: »Mama, ich hab dich lieb.«

★★★

Die Mutter

Denn in diesem Raum befindet sich nicht nur ein Junge, der irgendwann plötzlich unsichtbar geworden ist. Da ist auch eine Mutter, die sich seit dem Unfall pausenlos fragt, seit wann sie ihren eigenen Sohn nicht mehr sieht.

Deshalb lässt sie jetzt Nacht für Nacht eine Hand auf seinem Körper liegen, als Anker, durch den sie beide so miteinander verbunden sein können wie vor seiner Geburt. In der Gewissheit, dass man zusammen ist, selbst wenn man sich nicht sieht. Denn das ist oft gar nicht nötig, wenn man gefühlsmäßig in Kontakt ist.

Eine Hand, die ihn lange Zeit nicht hat finden können und jetzt alle Versäumnisse wiedergutmachen will, die zu diesem fatalen Ereignis geführt haben.

Eine Mutter, die im Schutz der Nacht wegen allem weint, was hätte passieren können. Denn manchmal entscheiden Millimeter und Sekundenbruchteile über Leben und Tod, zwischen *ist* und *war*, dazwischen, ob man einen Sohn aufweckt, der eingeschlafen ist, oder für immer mit einem leeren Bett spricht. Denn manchmal entscheidet ein kleiner Impuls im Gehirn darüber, wie die Zukunft aussieht.

Eine Mutter, die an dem Tag, als alles passierte, aus dem Haus ging, ohne groß auf ihren Sohn zu achten, ohne zu merken, dass der Körper vor ihr immer mehr zwischen den Möbeln verschwand.

Sie schläft, kommt aber nicht zur Ruhe. Ihre Augen sind zwar geschlossen, aber ihre Wunden – die in ihrem Inneren – klaffen weit offen und warten darauf, dass die Zeit sie zu Narben verschließt.

Trotz ihrer Angst, als ihr Sohn vor ein paar Tagen beim Aufwachen sagte, er hätte Superkräfte, er könne sich unsichtbar machen, er sei mit einem Drachen geflogen … kann sie jetzt lächeln, als sie spürt: Genau dieser Junge hat ihr gerade ein im Schweigen verborgenes *Ich hab dich lieb* geschenkt.

★★★

Das Mädchen mit den hundert Armreifen

Ein Mädchen mit zu vielen Armreifen ist aus dem Bett aufgestanden, hat das Handy aufgehoben und sich mit dem Schlafanzugärmel die Tränen abgewischt.

Schlurfend geht sie ins Zimmer ihrer Eltern, um ihnen zu sagen, dass sie bereit ist. Auch wenn sie es in Wirklichkeit gar nicht ist.

Sie geht barfuß durch den kalten Flur, macht langsam die Tür auf und betrachtet zwei Körper, die voneinander abgewandt schlafen. Sie geht zu der Seite des Bettes, wo ihre Mutter liegt, näher an der Tür, und beobachtet, wie sie atmet: wie sich ihr Brustkorb hebt und senkt, das leise Geräusch, mit dem die Luft ihren leicht geöffneten Mund verlässt ...

Genau in dem Moment klingelt der Wecker, und sie zuckt zusammen. Kurz wird sie nervös und weiß nicht, was sie tun soll: schnell rauslaufen oder sie aufwecken ...

»Schatz, was machst du hier? Ist was passiert?«, fragt ihre Mutter da auch schon und setzt sich ruckartig auf.

»Heute«, antwortet sie.

Schweigen.

»Bist du sicher?« Ihre Mutter zieht die Arme unter der Bettdecke hervor und bedeutet ihr, ins Bett zu kommen.

»Ja, jetzt bin ich bereit.«

»Dann heute.«

Ihre Mutter rutscht zur Seite und macht Platz, damit sich Mädchen und Armreifen neben sie legen. Sie weiß, dass ihre Tochter noch nicht bereit ist. Im Grunde ist es keine von beiden, trotzdem wird es heute sein.

Heute.

★★★

Plötzlich hält mich ihre Hand nicht mehr am Bein fest.

Ich sehe sie an und beobachte, wie sie ein Gähnen zu unterdrücken versucht; wie sie die Augen aufmacht, mich anblickt und lächelt.

»Hallo, Schatz!« Sie drückt mir einen Kuss auf die Stirn, der eine gefühlte Ewigkeit dauert. »Wie hast du heute geschlafen?«

»Besser. Ich bin ich ganze Nacht nicht aufgewacht, glaub ich«, schwindele ich.

Diese Lüge bringt sie zum Lächeln, und sie umarmt mich.

»Immerhin, ein Tag weniger.« Schwerfällig steht sie auf.

Es sind schon die Rollwagen zu hören, mit denen das Frühstück gebracht wird, dazu Lachen, auch jemand, der weint, eine Unterhaltung im Nachbarzimmer ... Alles geht wieder los. Früh, sehr früh, hier wird nämlich alles früh gemacht. Es wird früh gefrühstückt, früh zu Mittag gegessen, früh zu Abend gegessen ... Aber die Nacht ist lang, sehr lang.

Wie jeden Morgen bringt mich meine Mutter ins Bad, und das ist mir echt peinlich. Sie wartet natürlich draußen, und ich bin drinnen, aber die Tür bleibt angelehnt, damit die Sonde, die meinen Arm mit dem Apparat verbindet, nicht reißt.

Wenn es nur ums Pinkeln ginge, wäre es ja noch okay, aber wenn das andere dran ist … Dann geniere ich mich wirklich, dass die Tür halb offen steht. Vor allem, wenn ich Blähungen habe, was fast immer der Fall ist wegen der ganzen Medikamente, die ich nehme.

»Wasch dir das Gesicht ordentlich! Du sollst gut aussehen, heute kommt doch der Besuch!«, ruft sie von draußen.

Der Besuch, stimmt, daran hab ich gar nicht gedacht.

Ein so unangenehmer Besuch, dass meine Mutter nicht mal sagt, wer mich da eigentlich besuchen kommt.

Ein Besuch, den ich nicht brauche, um den ich nicht gebeten habe und den ich gar nicht will.

Der bescheuerte Besuch.

★★★

Der Junge mit der Narbe an der Augenbraue

»Ich glaube, die hattest du noch nicht?«, sagte der Junge mit der Narbe an der Augenbraue schließlich.

»Nein, die hab ich nicht, vielen Dank«, log sein Freund ihn an, während er den Inhalt des Päckchens betrachtete: sechs oder sieben Comics.

Das war auch schon die ganze Unterhaltung zwischen zwei Freunden, die wenige Monate vorher stundenlang miteinander reden konnten.

Danach machte sich ein Schweigen breit, das die Eltern der beiden rasch mit Floskeln füllten: »Er macht schon einen viel besseren Eindruck«, »Ja, ihm geht's besser«, »Bestimmt bist du bald wieder gesund«, »Du bist nicht so leicht unterzukriegen« …

Es waren geschlagene zehn Minuten zäher Unterhaltung, voller Schweigen, das ewig dauerte, und Augen, die nicht wussten, worauf sie sich richten sollten.

»Also, dann gehen wir mal … Werd ganz schnell wieder gesund«, sagte die Mutter des Jungen mit der Narbe an der Augenbraue. Sie hat es eilig vor lauter Angst, jeden Moment könnte ein Thema aufkommen, über das sie nicht sprechen will.

»Danke, danke, dass ihr gekommen seid«, erwiderte die Mutter des bisher unsichtbaren Jungen.

Niemand fragte, was passiert war, niemand sprach von dem Unfall, als wäre dieser Junge ganz einfach über Nacht vom Bett bei sich zu Hause in dieses Krankenhausbett gesprungen, als hätte sich alles auf die natürlichste Art und Weise zugetragen.

Davon redete niemand.

Die einen Eltern, weil sie etwas geahnt hatten und mehr hätten tun können; die anderen, weil sie nichts taten, um es herauszufinden.

Der eine Junge, weil er lieber nicht sehen wollte, was los war, der andere, weil er weiß: Wer unsichtbar sein will, kann hinterher niemandem vorwerfen, er hätte ihn nicht gesehen.

★★★

Der Besuch

Nein, ich hatte ihn nicht vergessen. Wie hätte ich diesen Besuch vergessen sollen!

Gestern Abend nach dem Abendessen fingen meine Eltern eines dieser unbequemen, komplizierten Gespräche an … Sie waren nervös, vor allem mein Vater. Er redete als Erster.

»Hör mal«, sagte er, ohne mir in die Augen zu sehen, »morgen kriegst du Besuch von einem Arzt … einem speziellen Arzt.«

»Noch einem?«, erwiderte ich.

»Ja, noch einem, aber diesmal nicht wegen der Verletzungen im Gesicht und auch nicht wegen der Prellung am Kopf oder dem Gedächtnisverlust. Das haben sie anscheinend einigermaßen im Griff.«

»Warum dann?«, fragte ich verwirrt.

»Tja, es ist jemand, der andere Arten von Verletzungen heilt.«

»Was für welche?«

»Die Verletzungen im Kopf drinnen.«

»Ein Psychologe?«, fragte ich.

»Ja, ein Psychologe.«

»Aber, Papa, Mama …« Ich sah beide verwirrt an. »Ich bin doch nicht verrückt«, sagte ich nervös.

»Nein, Schatz, du bist nicht verrückt«, erwiderte meine Mutter und hielt dabei meine Hand gedrückt. »Psychologen helfen Leuten, die etwas Schreckliches erlebt haben. Es kommt darauf an, dass du ihm erzählst, was du willst, ohne Angst. Du kannst ihm alles erzählen.«

»Alles?«

»Alles, was du ihm erzählen willst«, sagte sie noch mal.

»Und wenn ich ihm nichts erzählen will?«

»Ach komm, es ist zu deinem Besten.«

»Die Sache mit meinen Superkräften?«

»Du erzählst ihm, was du willst.«

Ihre letzte Antwort gefiel mir nicht: *Du erzählst ihm, was du willst ...* Was sie nicht aussprach: *... auch wenn er kein Wort glaubt, auch wenn er denkt, du bist verrückt.*

★★★

Und so endete ein unangenehmes Gespräch, wir redeten nicht weiter über das Thema. Und jetzt, in weniger als einer Stunde, kommt mich dieser *spezielle Arzt* besuchen.

Ich bin ziemlich nervös. Ich weiß nicht, was er wissen will, ich weiß nicht, was für Fragen er mir stellen wird, und ich weiß nicht, was ich darauf antworten soll.

Denn die Wahrheit zu sagen ist manchmal nicht die beste Option. Vor allem, wenn diese Wahrheit so unglaublich ist, dass sie wie eine Lüge klingen kann.

Also werde ich lügen, na ja, nicht richtig lügen, aber ich werde ihm nichts von dem erzählen, was mir passiert ist. Dass ich meine Superkräfte an dem Tag bekommen habe, als ich mich in eine Wespe verwandelt habe. Dass ich beliebig lange unter Wasser atmen kann oder dass ich so extrem schnell laufen kann, dass andere manchmal nur einen Luftzug bemerken. Ich werde ihm auch nicht sagen, dass ich eine Art Panzer auf dem Rücken habe – so wie die Ninja Turtles –, der mich vor Schlägen schützt, oder dass ich den Bewegungen der Leute zuvorkommen oder im Dunkeln perfekt sehen kann … Er glaubt mir nämlich garantiert nicht, und außerdem denkt er dann, ich wäre verrückt.

Ich glaube, am besten tue ich so, als wäre ich ganz normal, stinknormal.

Ich erzähle ihm auch nichts davon, dass ich Monster wahrnehmen kann, dass ich sie spüre, auch wenn sie sich hinter einer Tür oder unter einem Tisch oder in einem Auto verstecken …

Und natürlich erzähle ich ihm nicht von meiner Superkraft, die mich hierhergebracht hat. Dass ich es nach langem Üben irgendwann geschafft habe, mich unsichtbar zu machen. Wobei er das aus den Nachrichten vielleicht schon weiß.

Es klopft.

Das ist bestimmt er.

Ich habe keine Ahnung, was ich ihm erzählen soll.

★★★

Sie

Tja, am Ende war's kein Er, sondern eine Sie.

Und deswegen war es mir noch peinlicher, sie war nämlich auch noch hübsch. Und dass sie mich so gesehen hat, in diesem schäbigen Krankenhausschlafanzug, ohne Haare auf dem Kopf, mit den Schrammen im Gesicht …

Sie ist lächelnd hereingekommen, hat sich vorgestellt, und nachdem sie sich ein paar Minuten mit meinen Eltern unterhalten hatte, blieb sie allein mit mir im Zimmer.

Sie hat sich neben mich gesetzt, in den Sessel, in dem meine Mutter jede Nacht schläft.

Zuerst hat sie mir erklärt, was ein Psychologe ist und was er macht.

Ich habe zugehört, ohne was zu sagen, bis sie mich gefragt hat, ob ich irgendeine Frage habe, und da habe ich geantwortet:

»Ich bin nicht verrückt.«

Das ist mir so rausgerutscht. Am liebsten hätte ich die Worte sofort zurückgenommen. Wenn man so was sagt, denkt die andere Person erst recht, dass man verrückt ist.

Wir haben beide geschwiegen. Eine gefühlte Ewigkeit.

Sie hat mich eindringlich angesehen, und plötzlich hat sie losgelacht.

»Nein, nein, ich weiß, dass du nicht verrückt bist«, hat

sie lächelnd erwidert, »wir Psychologen behandeln auch ganz normale Leute, mach dir deswegen also keine Sorgen.«

»Also, dann bin ich normal«, habe ich gesagt.

»Ah, ja, und was meinst du damit?«, hat sie mich wieder lächelnd gefragt.

»Total normal, also, ich war normal, bis ich es geschafft habe, mich unsicht…«

»Bis du was geschafft hast?«

Da habe ich nichts mehr gesagt.

★★★

Der Junge mit den neuneinhalb Fingern

Während ein bisher unsichtbarer Junge Besuch von einer Psychologin bekommt, bleibt in einem Zimmer in einer Wohnung am Stadtrand ein Junge mit neuneinhalb Fingern in seinem Bett liegen.

Er denkt jetzt an alles, woran er in den letzten Monaten nicht gedacht hat. Denkt an die Konsequenzen, beginnt zu ahnen, dass Handlungen auch eine Kehrseite haben.

Er hat Angst wie noch nie in seinem Leben, wird es aber nicht zugeben. Seine Stärke besteht darin, das genaue Gegenteil vorzutäuschen: dass es ihm nichts ausmacht, auch wenn es ihm sehr wohl etwas ausmacht.

Seit Stunden starrt er an die Decke, als könnte er dort, auf der weißen Wandfarbe, die Lösung für alles finden, was passiert ist.

Er setzt sich auf, öffnet die Hände und betrachtet alle Finger. Das macht er seit vielen Jahren wie unter Zwang, aber nur, wenn er allein ist. Es käme nie auf die Idee, die Finger in der Schule, vor allen anderen, so auszustrecken. Die neun ganzen und den einen, dem die Hälfte fehlt.

Mit der Narbe, die er auf der Brust hat, direkt über dem Herzen, gibt er dagegen immer wieder an. Sie ist groß, aber das macht ihm nichts aus, er findet, damit sieht er taffer aus. In ein paar Jahren wird er sie vielleicht mit einem Tattoo schmücken.

★★★

»Ach nichts, gar nichts. Wie gesagt, ich bin normal«, habe ich weitergesprochen, »so wie die anderen Normalos. Ich bin nicht so groß wie Giraffe und nicht so klein wie Raúl der Hobbit, nicht so dick wie Nacho Kugel und nicht so dünn wie Pedro Spaghetto … Stinknormal eben.«

Ich hab ihr mindestens zwanzig Minuten lang zu erklären versucht, wie normal ich verglichen mit meinen Mitschülern bin.

Das stimmt sogar, bis vor ein paar Monaten hatte ich mich immer als ganz normal betrachtet. Wenn mich jemand länger beobachtet, kann er bestimmt nichts Auffälliges an mir entdecken.

Ich trage zum Beispiel keine Brille, mein Sehvermögen ist fast perfekt, ich kann von jeder Stelle im Klassenzimmer selbst die kleinsten Buchstaben an der Tafel lesen. Seit der Sache mit dem Wespennest habe ich noch bessere Augen als andere, ich kann aus der Ferne Dinge sehen, die sonst niemand sieht, ich kann sogar im Dunkeln sehen, diese Kraft habe ich auch … aber das habe ich ihr nicht gesagt.

Ich trage auch keins dieser Metalldinger an den Zähnen, keins von den kleinen und auch nicht so ein großes wie Willy Wonka als Kind. Es stimmt schon, meine beiden oberen Schneidezähne sind ziemlich groß und auch ein bisschen schief, der linke ist nach rechts gedreht und der rechte leicht nach links, aber das merkt man fast nicht, und mit geschlossenem Mund erst recht nicht. Also, mit geschlossenem Mund merke nur ich es, wenn mir ein Stück Essen zwischen den Schneidezähnen stecken bleibt und ich minutenlang mit der Zunge daran herummache, bis es sich löst.

Ich bin normal, ganz normal, deswegen hätte ich nie gedacht, dass mir so was passieren würde, dass jemand so Normales wie ich sich plötzlich in jemand so ... *Besonderes* verwandeln würde. Ich bin in fast allem ziemlich normal, und ich sage in *fast* allem, weil ich doch eine Macke habe. Aber das habe ich ihr natürlich nicht verraten.

Es ist eine seltsame Macke, ich wusste nämlich gar nichts davon ... Na ja, schon, ich wusste bloß nicht, dass es eine Macke war. Aber anscheinend ist es schon eine, und zwar je nach Situation sogar eine große.

Auf den ersten Blick ist sie nicht zu erkennen, jemand könnte eine Weile mit mir verbringen und würde nichts merken, sogar einen ganzen Nachmittag und Abend, na ja, da würde man es vielleicht schon merken. Oder auch nicht, keine Ahnung. Wobei ich festgestellt habe, dass es eine Macke ist, die viele Bereiche meines Lebens betrifft: wie ich spreche, wie ich schreibe, wie ich mit anderen kommuniziere ... Eine Macke, die mich in dieses Krankenhausbett gebracht hat.

★★★

Das Mädchen mit den hundert Armreifen

Die Armreifen tanzen ihr die ganze Zeit übers Handgelenk.

Sie sitzt auf dem Sofa und starrt auf die Uhrzeit auf ihrem Handy, ohne sie zu sehen, tut, als würde sie fernsehen, aber in Wirklichkeit sind ihre Gedanken woanders.

Sie weiß noch nicht, was sie ihm sagen wird, weiß nur, dass sie ihn heute sehen will, auch wenn sie halb tot ist vor Angst, auch wenn sie am ganzen Körper zittert, sobald sie das Zimmer betritt, auch wenn sie kein Wort über die Lippen bringt, auch wenn ihr Herz explodiert ... aber sie muss ihn sehen, sie hält es nicht länger aus, so eingesperrt zu Hause und noch viel weniger so eingesperrt in ihren Gedanken.

Jetzt ist er sichtbar, und um ein Haar wäre er es nie mehr geworden. Genau deshalb hat sie es nun doch eilig. Was ist, wenn er wieder verschwindet und sie ihm alles, was sie mit sich herumschleppt, nicht mehr sagen kann?

Sie blickt wieder aufs Handy.

Es sind schon weniger Stunden bis dahin. Heute Nachmittag.

Wieder sieht sie sich die ganzen Fotos an, auf denen sie zusammen sind, ohne zu wissen, dass sie es waren. Sieht sie sich genau an. Erst jetzt, wo sie ihn beinahe verloren hätte, wird es ihr klar: Auf allen Fotos sehen sie sich an. Lächeln sich an.

Sie befühlt die Hosentasche, um sich zu überzeugen, dass sie den Brief eingesteckt hat, an dem sie mehrere Tage geschrieben hat. Was sie nicht weiß: ob sie es schaffen wird, ihn ihm zu geben.

Sie ist nervös.

Sehr nervös.

Und sie ist nicht bereit, aber das weiß sie natürlich nicht.

★★★

Ich habe ihr auch nichts von meiner Fähigkeit erzählt, mich unsichtbar zu machen. Wobei sie das vielleicht schon weiß, ich war ja in den Nachrichten, deswegen kennen mich alle, oder zumindest kennen sie die Geschichte, denn wegen der Sache mit dem Schutz von Minderjährigen dürfen sie mein Gesicht nicht zeigen.

Und das war's, mehr haben wir nicht geredet, sie hat gesagt, heute wäre es nur ums Kennenlernen gegangen, morgen würden wir weitermachen, wir hätten viele Tage zum Reden, und sogar später, wenn ich aus dem Krankenhaus komme, müssten wir weiterreden.

Ich weiß nicht, ob ich Lust habe, so viel zu reden, und dann noch mit jemandem, den ich nicht kenne, und dann noch mit einer Frau, und dann noch mit einer so hübschen. Vor allem, weil sie Psychologin ist, dabei bin ich doch gar nicht verrückt.

Sie ist aufgestanden, hat tschüs gesagt und mir die Hand gedrückt.

Sobald sie aus der Tür war, hätte ich am liebsten losgeheult.

★★★

Ich habe gehört, wie meine Eltern draußen mit der Psychologin geredet haben, aber nicht viel verstanden. Vielleicht haben sie extra leise gesprochen, damit ich nichts mitbekomme. Ich weiß bloß, dass das Wort *Zeit* oft gefallen ist. Zeit, Zeit, Zeit ...

Sie haben sich verabschiedet, dann ist die Tür aufgegangen.

Meine Mutter ist zu mir gekommen, und als sie mir in die Augen gesehen hat, hat sie mich in die Arme genommen. Hat nichts gefragt, hat mich nur umarmt.

Meine Eltern verstehen nicht richtig, was passiert ist. Vom ersten Moment an haben sie alles wie einen Unfall behandelt, und ich habe mitgespielt. Ich habe den Gedächtnisverlust am Anfang ausgenutzt, um so zu tun, als würde ich mich an vieles nicht erinnern. Dabei stimmt das gar nicht. Ich erinnere mich genau an alles, was vor dem Unfall passiert ist.

Sie trauen sich nicht zu fragen, deswegen haben sie die Psychologin geholt. Ich bin noch nicht erwachsen, aber blöd bin ich nicht.

Das Problem ist: In mir ist ein Gefühl, das mir nicht gefällt. Als hätte ich einen Igel verschluckt, der immer größer wird und durch meinen ganzen Körper läuft, vom

Kopf bis zu den Füßen. Ein Igel, der immer, wenn ich lüge oder irgendeine Wahrheit verschweige, in meinem Bauch rumort.

Ich kann nicht mehr. So kann ich nicht weitermachen.

So oft denke ich an den Tag, als ich fast … Und ich verstehe immer noch nicht richtig, warum ich ausgerechnet seither nicht mehr unsichtbar bin. Lag es am Regen? Könnte sein, aber …

★★★

Schon seit Tagen stellen sich ein Vater und eine Mutter dieselbe Frage: Was ist wirklich passiert? Sie kennen eine Version, die *offizielle*, die jeder, der fragt, zu hören bekommt, die sie der Familie, den Freunden und Journalisten erzählt haben … eine Version, an der sie selbst zweifeln, die zu glauben sie sich aber zwingen: Es war ein Unfall, aber zum Glück ist es noch mal gutgegangen.

Und was ist mit den Verletzungen an seinem Rücken? Sie ergeben keinen Sinn, passen nicht zum Unfall, es sind zu viele, und vor allem sind sie nicht frisch.

Sie trauen sich noch nicht, ihn danach zu fragen, wissen nicht recht, wie sie das Thema anschneiden sollen, vielleicht weil sie nicht für die Antwort bereit sind. Deswegen hat man ihnen geraten, alles der Psychologin zu überlassen, damit sie die Wahrheit herausfindet.

★★★

Heute habe ich dasselbe zu Mittag gegessen wie immer. Essen, das nach nichts schmeckt. Krankenhausessen.

Und nach dem Essen kam der Moment, in dem alles still wird. Der Moment des Ausruhens, vor allem für meine Mutter, die nachts kaum schläft. Sie sagt, es liegt daran, dass der Sessel so unbequem ist, aber ich glaube, es ist wegen anderer Sachen. Im Schlaf redet sie nämlich die ganze Zeit und bewegt sich. Neulich habe ich sogar mitbekommen, wie sie im Schlaf geweint hat. Ich glaube, ihr sind auch Monster in die Brust gekrochen, so wie bei mir, und sie weiß auch nicht, wie sie sie loswerden soll.

Während sie geschlafen hat, habe ich mir die Comics genommen, die mein Freund mir neulich geschenkt hat, und obwohl ich sie schon fast alle habe, habe ich sie noch mal gelesen. Ich liebe Geschichten von Superhelden, ich hab immer davon geträumt, auch einer zu sein, ich wollte immer irgendeine Superkraft haben … und am Ende habe ich es doch tatsächlich geschafft, gleich mehrere zu haben.

Meine Mutter hat also neben mir geschlafen, und ich habe gelesen, und so ist der Nachmittag langsam vorbeigegangen, bis es plötzlich geklopft hat. Das hat uns beide aufgeweckt, sie aus ihrem Schlaf und mich aus meinen Abenteuern in der Luft.

Die Tür ist langsam aufgegangen, und sie ist reingekommen: die Person, die mir das Leben gerettet hat.

★★★

Luna

Luna ist im einzigen Tempo reingekommen, das sie draufhat: Sie ist gerannt.
Sie hat gerade noch gebremst, bevor sie ans Bett geknallt ist. Beinahe hätte sie den Ständer mit der Infusion umgeworfen und mir die Nadel aus dem Arm gerissen.
Meine Mutter hat sie umarmt und sie neben mich aufs Bett gesetzt. Luna hat mich komisch angeguckt, als würde sie mich nicht wiedererkennen, wobei ich das sogar verstehen kann … bei dem Krankenhaushemd, dem Kopf ohne Haare, dem zerschrammten Gesicht.
Luna ist meine kleine Schwester, sie ist gerade sechs geworden und ist der Mensch, der mich am besten kennt, auch wenn sie das nicht weiß. Sie ist auch der einzige Mensch, der mich immer, immer gesehen hat.
Schon komisch, dass ich mich während der letzten Monate vor allen Leuten unsichtbar machen konnte, aber nie vor ihr. Ich habe oft zu Hause geübt und konnte mich auf dem Sofa oder in der Küche oder beim Runtergehen auf der Treppe unsichtbar machen … und alles lief bestens, bis sie aufgetaucht ist. In dem Moment war meine Kraft weg, sie hat es immer geschafft, mich zu finden. Sie hat mir in die Augen gesehen, mich angelächelt und ist zu mir gerannt.

Außerdem ist sie der einzige Mensch, der alles weiß, was vom ersten Tag an passiert ist. Vielleicht war sie am Tag des Unfalls deswegen die Einzige, die mir zu Hilfe gekommen ist, die Einzige, die mich hat retten können. Wobei sie das mit ihren sechs Jahren natürlich auch nicht weiß.

★★★

»Bist du krank?«, hat sie mich mit weit aufgerissenen Augen gefragt.

»Ja, aber es geht schon wieder«, habe ich geantwortet und ihre kleine Hand genommen.

Und ohne den Mund aufzumachen, in Gedanken, habe ich zu ihr gesagt: *Danke*. In dem Moment hätte ich fast losgeheult, hätte am liebsten alles erzählt, unserer Mutter unser Geheimnis verraten.

Es ist Lunas erster Besuch, seit ich hier bin, und das ist mir unendlich wichtig. Meine Mutter hat mir erklärt, dass es nicht gut ist, wenn kleine Kinder ins Krankenhaus gehen, weil sie sich da irgendwelche Viren einfangen können, deswegen kommt Luna nicht so oft, wie ich es gern hätte.

Luna und ich haben eine Weile gespielt. Ich habe ihr gezeigt, wie man das Bett mit der Fernbedienung hoch- und runterfahren kann, ich habe ihr mit Kuli ein Herz in die Hand gemalt, sie hat sich die Bilder in meinen Comics angesehen ... Aber der Besuch war ganz schnell um, nach ungefähr einer Stunde hat mein Vater gesagt, sie müssten jetzt gehen. Und genau in dem Moment hat Luna etwas gesagt, das ich vergessen hatte.

»Ich hab mein Schäfchen verloren ...«

»Das mit den schwarzen Flecken an den Beinen?«

»Ja, genau das.«

»Keine Bange, ich weiß, wo es ist«, habe ich leise zu ihr gesagt.

»Ja?!«, hat sie geschrien.

»Ja, sobald ich hier rauskomme, gehen wir es holen.« In dem Moment habe ich meine Mutter angesehen, und sie hat mich angesehen. Sie war den Tränen nahe.

»Es ist spät, wir müssen los«, hat sich mein Vater eingemischt.

Da hat Luna mir einen Kuss gegeben, mein Vater hat mir einen Kuss gegeben, und meine Mutter hat Luna ganz viele Küsse gegeben. Und plötzlich hat mein Vater meiner Mutter auch einen Kuss gegeben. Das ist seltsam, zu Hause machen sie das nie. Ich glaube, seit ich im Krankenhaus bin, haben sie sich mehr lieb als bisher im ganzen Leben.

Mein Vater und meine Schwester sind gegangen. Meine Mutter hat gesagt, Luna schläft momentan bei meinen Großeltern.

Das brauchen sie mir nicht zu erklären, ich weiß auch so, dass das Leben meiner Eltern jetzt wegen mir ein bisschen komplizierter ist. Einer von beiden ist immer hier: meine Mutter. Und mein Vater macht nichts anderes als hin- und herzufahren: von der Arbeit ins Krankenhaus, vom Krankenhaus nach Hause, von uns zu meinen Großeltern, von meinen Großeltern ins Krankenhaus, vom Krankenhaus zur Arbeit …

★★★

Sobald mein Vater und Luna weg waren, ist meine Mutter ins Bad.

Nach einer Weile kam sie wieder raus, hat mir einen Kuss gegeben und sich wieder in den Sessel gesetzt. Hat den Fernseher eingeschaltet und sich eine dieser Sendungen angesehen, in der sich alle bloß anschreien; und ich habe Comics gelesen, in denen sich die Hauptfiguren die ganze Zeit prügeln.

Ehrlich gesagt vergehen die Tage sehr langsam. Sie sind alle gleich: Untersuchungen, Ergebnisse und Warten auf den nächsten Tag für weitere Untersuchungen.

Der Nachmittag war sehr ruhig. Ab und zu ging die Tür auf, irgendeine Krankenschwester wollte hören, ob ich etwas brauche, nach der Infusion sehen oder einfach hallo sagen, denn jetzt bin ich berühmt.

Aber plötzlich war alles anders.

Meine Mutter bekam eine Nachricht aufs Handy. Von irgendwem aus der Familie, von Freunden oder einem Journalisten. Dachte ich. Aber an ihrem Gesicht habe ich sofort gemerkt, dass irgendwas nicht stimmte.

»Was ist, Mama?«, habe ich gefragt.

»Nichts, nichts«, hat sie erwidert, ohne mich anzusehen, während sie die Nachricht beantwortet hat.

Mir ist aufgefallen, dass ihre Finger bei Tippen gezittert haben.

»Mama, was ist denn?«

Aber statt mir zu antworten, hat meine Mutter das Handy in die Handtasche gesteckt, hat sich vor mich hingestellt und mir gesagt, ich soll mich im Bett aufsetzen. Sie hat mir den Krankenhausschlafanzug zugeknöpft, das Kopfkissen hochgeschoben und das Bettzeug glattgezogen.

»Was ist los?«, habe ich noch mal gefragt.

»Warte kurz, bleib, wo du bist, ich bin gleich wieder da.« Dann ist sie nervös aufgesprungen.

Und weg war sie.

Ich hab einen Schreck gekriegt. Was konnte passiert sein? Von wem konnte diese Nachricht stammen? Vielleicht wieder von der Polizei?

Ich hab den Comic aufs Bett gelegt und zur Tür gesehen.

Plötzlich hab ich Schritte gehört.

Die Tür ist aufgegangen.

Es hat mir die Sprache verschlagen.

★★★

Kiri

Da ist Kiri reingekommen.
Und ihre Mutter.
Und hinter den beiden meine Mutter.
Sie sind ganz leise und langsam zum Bett gekommen, als hätten sie Angst, mir weh zu tun.
»Schau mal, wer dich besuchen kommt ...«, hat meine Mutter gesagt.
Kiri hat zur Begrüßung die Hand gehoben, ohne mich anzusehen, ohne etwas zu sagen. Ihre Mutter war diejenige, die mit den typischen Fragen angefangen hat, die man einem Kranken stellt oder in diesem Fall jemandem, von dem es heißt, er hätte einen Unfall gehabt.
Kiri hat den Tropf angestarrt und dann das Bett und dann den Boden ... Ich glaube, sie hat überall hingesehen, nur nicht zu mir.
Als keiner mehr etwas gesagt hat, hat meine Mutter die Situation zu retten versucht.
»Hör mal, wollen wir draußen einen Kaffee trinken?«, hat sie Kiris Mutter gefragt.
Die hat wegen Kiris Schweigen kurz gezögert, die beiden haben sich angesehen, und nachdem sie sich in dieser Sprache zwischen Müttern und Töchtern anscheinend irgendwas gesagt haben, hat sie genickt.

»Ja, klar, wir gehen was trinken, ist es weit?«

»Nein, nein, gleich hier, diesen Flur entlang«, hat meine Mutter geantwortet.

»Gut, wir sind gleich wieder da, okay?«

»Okay«, hat Kiri geantwortet.

»Okay«, habe ich geantwortet.

Dann waren wir zwei allein, wie schon so oft, aber diesmal war es anders, weil wir uns nichts zu sagen hatten.

Ich konnte den Blick nicht von ihren Sommersprossen lösen, die sich heute so wenig bewegten wie noch nie.

Sie hat bloß auf den Boden gestarrt.

So ging es eine Weile, lange, sehr lange … bis sie mir eine komische Frage gestellt hat.

»Und ich?«, hat sie geflüstert, ganz langsam, ich habe es fast nicht gehört.

Und ich? Was war das denn für eine Frage? Was für eine Antwort gab es auf so eine komische Frage?

Nach diesem *Und ich?* habe ich gemerkt, dass irgendwas mit ihr war. Sie hat mit aller Kraft die Fäuste geballt, als wollte sie sich die Finger brechen, hat die Zähne so fest zusammengebissen, dass ich dachte, sie wollte sich den eigenen Mund zerbeißen … und hat angefangen zu zittern.

Zuerst ihre Hände, dann ihre Arme zusammen mit allen ihren Armreifen, dann ihre Sommersprossen und schließlich ihr ganzer Körper.

Sie hat den Kopf gehoben und mich weinend angesehen.

★★★

Und ich?

Und da hat das Mädchen mit den hundert Armreifen endlich die Frage gestellt, die sie so viele Tage in ihren Kopf gesperrt hatte. Es waren nur zwei Wörter, aber genug, um eine ganze Welt aufzuwühlen, zumindest ihre eigene.

Und ich?

Eine Frage, die dem Teil der Liebe entspringt, in den sich manchmal Hass schleicht. Eine Frage, die auftaucht, wenn manche der Schmetterlinge, die man im Bauch hat, nicht länger herumflattern.

Und ich?

Fragt sich ein Mädchen, das sich schon zu lange auf der anderen Seite des Spiegels befindet, von wo aus man sehen kann, ohne selbst gesehen zu werden, von wo aus man Schmerz fühlen kann, ohne dass einem jemand ein Haar krümmt, von wo aus man jemanden so sehr hassen kann, dass man ihn am liebsten totküssen möchte.

Und ich?

Eine Frage, hinter der unweigerlich immer ein *Wir* steckt.

★★★

»Du Idiot! Du verdammter Idiot!«, hat Kiri angefangen zu schreien und die Fäuste noch fester geballt.

Sie hat mich an den Schultern gepackt und mich geschüttelt und dabei so angefunkelt, dass ich die Augen zumachen musste.

»Warum? Spinnst du etwa? Ist es das? Bist du verrückt?!«, hat sie immer lauter weitergeschrien. »Bist du völlig durchgeknallt?«

Ich hab mich nicht gerührt. Wusste nicht, was ich tun soll, was ich sagen soll, wusste gar nichts mehr.

»Du Idiot, Scheißidiot!«, hat sie weitergeschrien, ohne mich loszulassen, und mich so heftig gekrallt, dass ich ihre Fingernägel durch den Schlafanzug hindurch gespürt habe.

»Du Idiot, du verfluchter Idiot, du Trottel, du Scheißkerl!« Und plötzlich, als wäre ihre ganze Kraft auf einmal verpufft, hat sie mich losgelassen.

Sie hat gegen das Bett geboxt, sich die Tränen abgewischt, ist aus dem Zimmer gerannt und hat die Tür hinter sich zugeknallt.

Draußen war Geschrei zu hören. Was war da los? In dem Moment hätte ich mich gern wieder unsichtbar gemacht. Ich hab's auch versucht, hab dasselbe gemacht wie immer, wenn ich verschwinden wollte: Ich hab mich konzentriert, die Augen mit aller Kraft zugepresst, mich ganz klein gemacht ... aber keine Chance, seit dem Unfall kriege ich es nicht mehr hin. Vielleicht sind es die blöden Medikamente ... keine Ahnung, jedenfalls geht es nicht mehr.

Sofort kam meine Mutter rein.
»Was ist?«, hat sie mich nervös gefragt.
»Weiß ich auch nicht«, hab ich sie angelogen.
»Jetzt sag schon! Was war denn? Warum hat sie angefangen zu schreien?«
»Ich weiß es wirklich nicht, Mama«, hab ich wieder gelogen.
»Hör mal, jetzt verarsch mich nicht!«
»Lass mich in Ruhe!«, hab ich sie angeschrien.
Sie hat mich wütend angesehen und ist wieder rausgegangen.
Ich hab mich scheußlich gefühlt.
Normalerweise schreie ich niemanden an, erst recht nicht meine Mutter. Erst recht nicht die Person, die stundenlang in diesem beschissenen Sessel hockt, die mich nachts am Bein festhält, die mir jedes Mal frische Sachen anzieht, wenn ich mir wegen der Medikamente in die Hose mache ... Ich habe meine Mutter angeschrien.
Ich kann nicht mehr, ich will bloß noch heulen, ich will bloß alles erzählen, sagen, wie feige ich bin ... Da ging's wieder los mit dem Pfeifen, total laut, und diesmal war ich allein im Zimmer. Ich hab versucht, es still zu ertragen, aber es ging einfach nicht, ich hab angefangen

zu schreien, lange zu schreien, vor Schmerz zu heulen …
Es war so laut, dass mir sogar die Augen weh getan haben.

Da kam meine Mutter wieder reingestürmt. Als sie mich so gesehen hat, ist sie in den Flur, um die Krankenschwester zu rufen.

Dann hat sie sich neben mich gesetzt.

Und hat mich umarmt.

Ich hab weitergeschrien.

Und gehört, wie Leute ins Zimmer kamen.

Dann Tabletten in meinem Mund.

Ein Stich im Arm.

Und die Umarmung meiner Mutter.

Und ein Elefant und noch einer und noch einer … Tausend Elefanten, die auf meiner Brust rumgetrampelt sind.

Und so schnell, wie sie gekommen sind, waren sie auch wieder weg.

Ganz allmählich verschwand das Zimmer.

Und der Lärm.

Und der Schmerz.

Alles.

★★★

Der Junge mit der Narbe an der Augenbraue

Während ein bisher unsichtbarer Junge dank der Medikamente eingeschlafen ist, denkt ein anderer daran, wie wohl Kiris Besuch verlaufen ist. Ob sie was gesagt hat?

Er durchlöchert sich mit Fragen, die zu nichts führen, die nicht einmal dazu gut sind, seiner Wahrheit, seinen Schuldgefühlen zu entgehen.

Er denkt an die Zeit, die der unsichtbare Junge und er zusammen verbracht haben. Streicht über die kleine Narbe an der Augenbraue und erinnert sich an das Wettrennen.

Der Winter hatte den beiden alten Fahrrädern – denen von Opa – schwer zugesetzt, die warteten in der Rumpelkammer darauf, in irgendeinem Sommer wieder zum Leben erweckt zu werden. Nachdem man sie vom Rost und Staub der ganzen Jahre befreit, sie aufgepumpt und die Sättel wieder ausgerichtet hatte …

»Bist du mit denen mal gefahren?«, hatte er ihn gefragt.

»Nein, nie, die sind doch viel zu groß!«

»Ja, riesig, und sie haben keine Gangschaltung, oder?«

»Nö, zwei olle Drahtesel.«

»Fahren wir um die Wette?«

»Mit den Dingern?«

»Na klar, komm!«

Die beiden Freunde fuhren zu einer großen Freifläche in der Nähe, im Dorf. Sie stellten sich in Position, und es begann ein Wettrennen mit dem Haus als Start und einem Zaun als Ziel.

»Auf die Plätze, fertig, los!«

Die beiden Jungen traten in die Pedale, so schnell es auf zwei alten Fahrrädern ging. Es gab keinen klaren Sieger, beide würden praktisch gleichzeitig am Ziel ankommen. Das einzige Problem: Keiner von beiden war auf die Idee gekommen, die Bremsen zu checken. Beim einen Rad funktionierten sie noch, beim anderen nicht.

Und so merkte Zaro, als er den Bremshebel drückte, dass sich da nichts tat. Der Hebel war nicht gespannt, hing locker da.

Der Zaun kam immer näher. Nervös setzte er abrupt die Füße auf den Boden. Diese extrem unterschiedlichen Geschwindigkeiten bewirkten, dass das Fahrrad außer Kontrolle geriet und beide – Rad und Junge – zu Boden gingen.

Ergebnis: Aufschürfungen an Händen, Ellbogen, Knien und eine starke Prellung über dem rechten Auge, an der Augenbraue.

Krankenhaus, Nähen, ein Souvenir in Gestalt einer Narbe und eine Anekdote, über die sie noch jahrelang lachen sollten.

Jetzt hingegen ist nicht er gestürzt, sondern sein Freund, und das Problem ist, dass seine Verletzungen schwerer zu sehen sind, weil sie sich in ihm drin befinden und man nicht weiß, ob sie mit der Zeit verheilen.

Und das ist nicht der einzige Unterschied zwischen

jetzt und früher. Denn damals, als er vom Rad gefallen ist, kam sein Freund sofort angerannt: Er hat ihm aufgeholfen, ihn mit der Schulter gestützt, um ihn nach Hause zu bringen, seine Eltern benachrichtigt … Nichts davon hat er jetzt für ihn getan.

Er hat sich herausgehalten und zugelassen, dass sein Freund Tag für Tag weiter am Boden liegt.

★★★

Die Nacht bricht an für einen Jungen, der weiterhin in einem Krankenhaus liegt, wo jetzt alles still ist.

Die Nacht bricht auch an für einen Vater, der von der Arbeit sofort losgefahren ist, sobald er erfahren hat, dass sein Sohn wieder eine Panikattacke gehabt hat. Ein Vater, dem klarwird, dass er ihn diese Woche öfter sieht als bisher in seinem ganzen Leben, weil er immer gearbeitet hat. Ein Vater, dem dämmert, dass ein heranwachsender Sohn seinen Vater öfter braucht.

Genau dieser Vater hat seine Frau heute Nacht abgelöst und versucht, es sich in dem Sessel im Krankenhauszimmer bequem zu machen. Voller Schmerz erinnert er sich an eine Unterhaltung, die er erst vor zwei Tagen mit seinem Sohn in diesem Zimmer geführt hat.

»Arbeitest du heute auch nicht, Papa?«

»Nein, heute nicht, ich hab freibekommen, damit ich bei dir sein und mich um dich kümmern kann.«

»Und kannst du nicht freibekommen, wenn es mir gutgeht, wenn ich nicht krank bin, damit wir mehr Zeit miteinander haben?«

Das ging mitten ins Herz. In der Nacht hat er sich zu erinnern versucht, wie oft er jemals unter der Woche zu Hause war: als er mal eine schwere Grippe hatte, als er sich die Hand verletzt hatte, als der Opa gestorben war, am Tag, als er sich für die Beerdigung seiner Schwiegermutter freigenommen hatte ... Aber nie hatte er freibekommen, um zu feiern, dass der erste Milchzahn ausgefallen war, um seinem Sohn das Fahrradfahren beizubringen, um seinen Geburtstag zusammen zu verbringen, um an den Strand zu gehen ... Für die wirklich wichtigen Dinge im Leben hatte er auf der Arbeit nie freibekommen.

★★★

Und genau dieselbe Nacht bricht an über tausend weiteren Zimmern der Stadt …

Über dem Zimmer eines Mädchens, das nicht weiß, wie viele Küsse der Hass entfernt ist; dem klargeworden ist, dass es nicht darauf vorbereitet war, ihn zu sehen; das gerade herausfindet, dass es Liebe ohne Angst nicht gibt.

Ein Mädchen, das vorsichtig sein muss beim Zusammenfegen der Scherben einer Enttäuschung, weil sie jetzt weiß, dass sie sich daran schneiden kann.

Über dem Zimmer eines Jungen, der an nichts anderes denken kann als daran, wie das Treffen zwischen Kiri und seinem Freund wohl verlaufen ist, daran, was sie sich wohl gesagt haben, was sie bei diesem Wiedersehen wohl füreinander empfunden haben. Denn im Grunde gefällt ihm Kiri auch, obwohl er sich ebenfalls nicht traut, es ihr zu sagen.

Über dem Zimmer eines Jungen mit neuneinhalb Fingern, der weiterhin denkt, dass er nichts zu befürchten hat. Trotzdem zittert er jedes Mal, wenn das Telefon klingelt, am ganzen Leib.

★★★

Ich bin aufgewacht. Wieder dieses verfluchte Pfeifen, das mir durch den Kopf fährt.

Ich schaue auf die Uhr. 5:14.

Heute ist es mein Vater, der zusammengekauert in dem Sessel hier neben mir schläft. Ich habe ihn eine Weile betrachtet und große Lust bekommen, ihn zu umarmen, ihm alles zu erzählen und so den Igel ein für alle Mal loszuwerden.

Nach einer Weile musste ich an Kiri denken. Wir kennen uns von klein auf, sind im selben Jahr, im selben Monat und fast am selben Tag geboren, sie am 20. und ich am 19., unsere Geburtstage haben wir immer zusammen gefeiert und sogar die Geburtstagkerzen geteilt.

Kiri ist genauso groß wie ich, schlank und hat so langes Haar, dass sie es fast immer zu Zöpfen hochbindet. Sie ist meistens auffällig angezogen und trägt am einen Handgelenk mehr als hundert Armreifen.

Kiri war einer der letzten Menschen, die mich nicht mehr sehen konnten. Zuerst bin ich für sie verschwunden wie in einem Spiel, als kleiner Scherz, der nichts zu bedeuten hatte, aber dann wollte ich immer öfter immer kürzer sichtbar sein, und irgendwann kam der Moment, da habe ich mich fast gar nicht mehr vor ihr sehen lassen.

Warum ich das getan habe? Na, weil sie mir gefällt, sehr sogar. Bis vor ein paar Monaten hatte ich nicht bloß Augen für sie, so wie jetzt, mir sind nicht Ameisen über die Haut gelaufen jedes Mal, wenn sie mich ansieht oder anlächelt …

Und nach allem, was mit mir passiert ist, wurde ich natürlich lieber unsichtbar. Sie sollte nicht sehen, in was ich mich verwandelt hatte.

Seit dem Unfall hatte ich nichts von ihr gehört. Viele Menschen waren hier, an denen mir kaum was liegt, andere, von denen ich nicht mal wusste, dass es sie gibt, sie dagegen hat sich nicht blicken lassen. Ich dachte schon, sie würde gar nicht vorbeikommen, aber heute … Heute ist sie hier gewesen.

Heute hat sie mich endlich sehen können, obwohl sie das gar nicht wollte.

★★★

Und ein Junge, der an nichts anderes denken kann als an alles, was passiert ist, weiß, dass er es irgendwann jemandem erzählen muss, sonst platzt ihm von diesem Pfeifen noch der Schädel.

Vielleicht erzählt er es der Psychologin, damit endlich alles vorbei ist. Denn er will bloß, dass sein Arm heilt, dass ihm wieder Haare wachsen, dass seine Verletzungen vernarben, dass dieses ätzende Pfeifen in seinem Kopf aufhört, dass der Igel verschwindet, dass keine Elefanten mehr kommen, dass Kiri wieder mit ihm redet, dass alles wieder wie vorher ist. Nein, nicht wie vorher, wie vor dem *Vorher*.

Und so, über all diesen Gedanken, ist es im Krankenhaus wieder Tag geworden.

Heute kommt die Psychologin früh, gleich morgens, gleich nach dem Frühstück, und dann will er alles erzählen, ganz ausführlich … auch wenn es im Grunde genommen nichts nützt.

★★★

Der Tag

Es war ein seltsamer Tag, er ist überhaupt nicht so gelaufen, wie ich gedacht hatte. Und der Igel ist nicht weg, genauso wenig wie der Elefant oder das Pfeifen. Heute wollte ich ihr alles erzählen, hatte die ganze Nacht in Gedanken geübt: wie ich anfangen wollte, was zuerst erzählen, wie das mit meinen Superkräften erklären … aber alles ist schiefgegangen.

»Wie geht's dir?«, hat sie mich gefragt, kaum war sie zur Tür herein.

»Ganz gut, aber …« Dann bin ich verstummt.

»Was ist?«, hat sie gefragt, während sie auf mich zukam.

»Also …« Und da war's aus bei mir.

Sie hat meine Hand genommen und mich viele Minuten lang umarmt. Ich habe ihren Atem an meinem Kopf ohne Haare gespürt, habe gemerkt, wie sie mich in echt umarmt hat. Ganz langsam hat sie sich von mir gelöst …

»Willst du mir etwas erzählen?«, hat sie mich gefragt und mir dabei die Hand gehalten.

»Alles …«, habe ich geantwortet.

»Darum bin ich hier.«

Und da habe ich angefangen zu reden.

★★★

»Alles hat mit den Monstern angefangen, oder eigentlich mit dem ersten Monster ...«, habe ich gesagt.

»Monster?«, hat sie mich mit großen Augen gefragt.

»Ja, Monster, viele, unfassbar viele, Tausende. Viele sind noch da, die kommen mich nachts besuchen und kriechen mir in die Brust. Jetzt kann ich sie zwar nicht sehen, aber ich spüre sie. Sie müssen gar nicht direkt da sein, damit sie einem weh tun, ich glaube sogar, sie haben mir immer am meisten weh getan, wenn sie nicht direkt da waren.«

»Aber ... du weißt doch, dass es Monster gar nicht wirklich gibt, oder?«, hat sie gefragt und mich dabei angesehen.

»Klar gibt es sie wirklich«, habe ich geantwortet. »Ihr Erwachsenen sagt, es gibt sie nicht wirklich, damit wir keine Angst haben, dabei wisst ihr doch, dass es sie gibt, dass überall welche sind. Bloß sind sie nicht unter dem Bett oder im Schrank oder hinter dem Vorhang.«

»Ach nein? Und wo sind sie dann?«, hat sie mich gefragt.

»An vielen Orten: auf den Bäumen, hinter den Türen, sie gehen die Straße entlang, warten im Auto, dass die Kinder aus der Schule kommen, sitzen in den Cafés vor meiner Schule ...« So habe ich die Orte aufgezählt, wo ich welche gesehen habe. In Wirklichkeit habe ich schon überall welche gesehen, und das Allerschlimmste ist, dass sie mich auch gesehen haben, obwohl ich später Luft für sie war.

»Gibt es hier auch welche?«, hat sie mich gefragt.

»Ja, ein paar haben mich hier besucht, eigentlich ganz schön viele. Jeder kann nämlich heute normal sein und morgen ein Monster, sogar Sie«, habe ich zu ihr gesagt. »Die sind tagsüber gekommen, durch die Tür da, andere kommen nachts und kriechen in mich rein, das sind die schlimmsten, weil ich sie nicht sehen kann ... Und manchmal packen mich welche mit ihren unsichtbaren Händen und lassen meine Arme und Beine zittern ...«

Sie hat laut geseufzt und etwas in ein kleines Heft geschrieben.

»Sprich weiter«, hat sie gesagt.

»An dem Tag, als ich das erste Monster gesehen habe, hat alles angefangen. Ich wollte unbedingt irgendwelche Superkräfte haben, die mich stärker oder schneller oder größer oder sogar kleiner machen, irgendwas Nützliches.«

»Superkräfte?«, hat sie wieder gefragt, die Brille abgenommen und sich die Augen gerieben.

»Ja, Kräfte, die wir in Wirklichkeit alle haben«, habe ich gesagt. »Es gibt immer Leute, bei denen irgendein Sinn besser entwickelt ist, manche haben zum Beispiel sehr gute Augen, ein sehr feines Gehör, einen Geruchssinn wie ein Hund ... Wobei das kleine Kräfte sind verglichen mit denen, die ich entwickelt habe.«

»Was soll das heißen: *die du entwickelt hast?*«

»Ja, viele, aber angefangen hat alles am Tag mit dem Wespennest, ab da war alles anders.«

Da sind wir beide verstummt. Sie hat das Heft auf den Tisch gelegt, die Brille abgenommen und mich angesehen.

»Was ist an dem Tag passiert?«, hat sie mich gefragt.

»Ich habe mich in eine Wespe verwandelt.«

★★★

Während ein bisher unsichtbarer Junge alles erzählt, was er bis jetzt für sich behalten hat, bleibt in einem Zimmer in einer Wohnung am Stadtrand ein Junge mit neuneinhalb Fingern in seinem Bett liegen. Nervös.

Was wohl im Krankenhaus vor sich geht? Ob der andere die Wahrheit sagt oder den Vorfall für ein paar Lügen ausnützt?

Die Wahrheit?, fragt er sich. Welche Wahrheit? Die, die passiert ist? Die, die hätte passieren können, als er am letzten Tag auf ihn zugegangen ist? Die er in seinem Kopf gedacht hat? Die er in seinem Herzen gefühlt hat? Wie einfach wäre die Welt, wenn es nur eine einzige Wahrheit gäbe.

Wie soll man die Sandburg eines anderen, die man selbst kaputt gemacht hat, wieder in Ordnung bringen? Wie eine Blume verschenken, ohne sie auszureißen? Wie einen Wald genießen, in dem vorher das Feuer gewütet hat? Wie den Stein zurückholen, den man in den See geworfen hat? Erst einmal lebt er ganz normal weiter, niemand hat einen Ton gesagt, aber er ahnt, dass er eines schönen Tages einen Anruf bekommen wird. Und dann muss er reden.

★★★

»Ich dachte, wenn Spider-Man von einer Spinne gebissen wurde und dann Superkräfte hatte, könnte ich auch welche kriegen, zum Beispiel wenn mich eine Wespe sticht.«

»Und dann?«

»Dann konnte ich mich in eine verwandeln, außerdem konnte ich mir die Monster vom Leib halten, ich hab's geschafft, dass sie Angst vor mir hatten. An dem Tag fing es an, dass ich Superkräfte bekam.«

»Und zwar?«

»Zum Beispiel kann ich so lange unter Wasser atmen, wie ich will. Ich glaube, ich könnte sogar unter Wasser leben.«

»Ach was ...« Und wieder schrieb sie etwas in ihr Notizbuch.

Wir schwiegen beide.

»Red ruhig weiter ...«, sagte sie.

»Also, ich hab auch andere Superkräfte. Ich kann von ganz weit weg jedes Gespräch hören, ich kann im Dunkeln perfekt sehen; ich kann viel schneller laufen als alle anderen. Aber trotz dieser ganzen Kräfte waren die Monster noch da, erst mal waren sie weg, aber sie kamen wieder, also musste eine neue Superkraft her, eine so große, dass sie mir nichts anhaben konnten. Und die habe ich schließlich gefunden.«

»Was war das für eine?«

»Ich kann mich unsichtbar machen.«

★★★

»Unsichtbar? ...«

»Na klar, haben Sie es nicht in den Nachrichten gelesen? Alle reden davon.«

»Nein, hab ich nicht gelesen, aber red weiter, erzähl mir, was passiert ist. Wie hast du dich unsichtbar gemacht?«

»Also, es war durch Zufall. An einem Tag, an dem überall Monster waren, hab ich mir gewünscht zu verschwinden, hab mich konzentriert, mich zusammengekauert ... und auf einmal, als ich die Augen aufmache, merke ich, dass die Monster mich nicht mehr sehen konnten. Sie haben überall hingesehen, nur nicht dahin, wo ich war. Ich hatte sie direkt vor mir, aber sie haben mich nicht gesehen ... und sie sind abgezogen, ohne zu wissen, dass ich immer noch da war. Von dem Tag an habe ich geübt, meine Technik zu verbessern, damit ich jederzeit verschwinden kann.«

In dem Moment hat die Psychologin ihr Notizbuch zugeklappt und in die Tasche gesteckt.

»Könntest du das jetzt auch?«, hat sie mich gefragt.

»Was denn?«

»Könntest du dich jetzt sofort unsichtbar machen?«

»Na ja, jetzt gerade nicht. Seit dem Unfall habe ich diese Superkraft verloren, glaube ich.«

»Ach wirklich …«, hat sie gesagt und ist aufgestanden. »Ich glaube, für heute sind wir fertig.«

»Jetzt schon?«

»Ja, jetzt schon.«

»Aber … es fehlt noch ganz viel, ich hab Ihnen noch nichts davon erzählt, wie ich mit einem Drachen geflogen bin.«

»Mit einem Drachen? … Hör mal …«, hat sie gesagt und sich die Handtasche umgehängt. »Lass uns lieber morgen weitermachen, im Moment weiß ich nicht, was ich davon halten soll.«

»Aber es ist wahr! Alles, was ich gesagt habe, ist wahr, alles! Wirklich wahr!«, habe ich sie angeschrien.

»Hör mal«, hat sie gesagt und meine Hand genommen, »ich weiß, dass du nicht verrückt bist, das glaube ich wenigstens. Alles, was du mir erzählt hast, könnte davon kommen, dass du dir bei dem Unfall den Kopf angeschlagen hast, es könnte auch an den ganzen Comics liegen, die du liest, wie deine Eltern mir erzählt haben. Es könnte sogar daran liegen, dass … Ich weiß nicht, warum du mir das alles erzählt hast, aber heute machen wir hier Schluss. Morgen komme ich wieder, und wir reden weiter, in Ordnung?«

Sie hat mir die Hand gedrückt, ihre Handtasche fest gepackt und ist mit einem »Bis morgen« gegangen.

★★★

Ich verstehe nicht, was passiert ist. Warum ist sie so plötzlich gegangen? Ich konnte mich vor ihr nicht unsichtbar machen, weil ich diese Superkraft verloren habe, seit ich hier bin. Aber das heißt doch nicht, dass alles, was ich erlebt habe, gelogen ist.

Ich verstehe schon, dass so was schwer zu glauben ist. Am Anfang, als es mir das erste Mal passiert ist, war ich auch baff.

Zuerst hat die Wirkung nur kurz angehalten. Ein paar Minuten lang bin ich plötzlich verschwunden, wurde unsichtbar. Aber mit der Zeit habe ich es geschafft, dass es länger anhielt, am einen Tag eine halbe Stunde, am nächsten vierzig Minuten, eine Stunde ... Manchmal habe ich es hingekriegt, dass mich stundenlang niemand gesehen hat!

Einen ganzen Tag zu verschwinden ist mir aber nie gelungen. Immer gab es einen Moment, in dem ich plötzlich wieder sichtbar wurde und jemand mich gesehen hat.

Das Problem ist, dass ich diese Superkraft nie richtig im Griff hatte: Ausgerechnet dann, wenn ich schrecklich gern unsichtbar sein wollte, haben mich manchmal jede Menge Leute gesehen. Wenn ich dagegen von allen gesehen werden wollte, war meinem Körper nach Verschwinden zumute.

Die ersten Tage fühlte ich mich wie ein Superheld, dachte, ich wäre der Einzige auf der Welt, der sich unsichtbar machen kann. Aber wenige Tage vor dem Unfall bin ich im Park einer Person begegnet, die sich früher auch mal unsichtbar machen konnte.

»Du bist nicht der Einzige, der mal unsichtbar gewesen ist, vielen Leuten passiert dasselbe wie dir, bloß behalten es alle für sich, niemand redet darüber«, hat sie zu mir gesagt.

»Wieso?«, habe ich gefragt.

»Wem hast du es denn erzählt?«

»Keinem…«

»Schau mal.« Sie drehte sich um und hob die Haare im Nacken hoch. »Weißt du, was das ist?«

»Sieht aus wie der Kopf eines Drachen?«

»Ja, es ist ein Drache, aber ein ganz besonderer.«

»Wieso?«

»Weil dieser Drache aufgetaucht ist, als ich verschwinden wollte…«

★★★

In einem kleinen Apartment versucht eine Psychologin zu schlafen, kann es aber nicht. Sich in eine Wespe verwandeln, unter Wasser atmen, Monster sehen, sich unsichtbar machen, mit einem Drachen fliegen ... Sie fragt sich, warum sich ein Junge solche Dinge ausdenken muss. Sie weiß, dass er nicht verrückt ist, deshalb versteht sie nicht, was los ist. Nachdem sie sich tausendmal im Bett hin- und hergedreht und dabei genauso viele Gedanken gewälzt hat, gelingt es ihr schließlich, einzuschlafen.

Am sie am nächsten Tag wieder ins Krankenhaus fährt, erzählt ihr dieser Junge dieselbe Wahrheit, aber auf andere Weise.

Das geht ihr so nahe, dass sie kurz denkt, dies wäre ihr letztes Treffen gewesen; dass sie allmählich auch an Monster, Superkräfte und Drachen glaubt; dass sie begreift, wo das Gefühl herkommt, beim Aufwachen zu ersticken, Elefanten auf der Brust zu haben, und vor allem, warum er so ein durchdringendes Pfeifen im Kopf hört.

Da wird ihr klar, dass man nichts Besonderes tun muss, um ein Monster zu sein, dass es manchmal schon reicht, überhaupt nichts zu tun.

★★★

DIE MONSTER

Das erste Monster

Alles hat an einem Freitag angefangen.

Eigentlich ein Freitag wie jeder andere, nur mit dem Unterschied, dass wir in der letzten Stunde einen Mathetest hatten. Ja, an einem Freitag in der letzten Stunde.

Auf diesen Test hatte ich mich mehrere Wochen vorbereitet, weil er sehr wichtig für die Durchschnittsnote war. Aber auch, weil ich Mathe mag, ich jongliere gern mit Zahlen, mag Kopfrechnen … Das ist Teil meiner Macke.

Ich weiß noch, dass ich an diesem Tag, so wie meistens, wenn ich einen Test vor mir hatte, sehr früh aufgewacht bin, sogar schon vor meinen Eltern.

Ich weiß auch noch, dass meine Schwester, wie fast jeden Morgen, zu meinem Bett gerannt kam, um sich an mich zu kuscheln. Und das spielt eine große Rolle in dieser Geschichte, auch wenn Luna es noch nicht weiß. Letztlich hat sie mir das Leben gerettet.

Bestimmt hat mich meine Mutter so wie jeden Tag gedrängt, mich schnell anzuziehen, und mir von der Küche aus zugerufen, ich soll zum Frühstück runterkommen.

Das Frühstück war bei uns zu Hause schon immer ein bisschen chaotisch: Mein Vater trinkt einen Kaffee und düst zur Arbeit los, meine Mutter trinkt nichts, und sobald meine Schwester angezogen ist, bringt sie sie in den

Frühhort, weil sie ganz früh zur Arbeit muss. Und ich bleibe von 7:45 bis ungefähr 8:10 allein zu Hause, bevor ich mich auf den Weg zur Schule mache.

Von uns bis zur Schule brauche ich zu Fuß etwa eine Viertelstunde, aber das war, bevor ich Superkräfte hatte, danach brauchte ich keine fünf Minuten mehr. Bloß fünf Minuten! An manchen Tagen sogar noch weniger.

Die Zeit, in der ich allein bin, nutze ich immer, um mir ein Stück Baguette zu belegen. Mein Vater sagt, es gibt schon genug Nichtsnutze auf der Welt, wenn ich also in der großen Pause was essen will, muss ich mich selber drum kümmern. Und das ist in dieser Geschichte sehr gefährlich, es wäre beinahe schlecht ausgegangen, sehr schlecht. Beinahe hätte ich ein Monster umgebracht.

An diesem Freitag bin ich wie an unendlich vielen anderen Tagen um 8:10 Uhr los, ich wusste, dass ich etwa zehn Minuten brauchen würde, um durch den Park zu laufen, hinter dem Zaro wohnt. Er und ich trafen uns immer am Supermarkt bei ihm an der Ecke. Dann gingen wir zusammen weiter zu einer Brache, wo Kiri auf uns wartete. Das war fast jeden Tag so. Und von dort liefen wir zu dritt in die Schule, wobei ... das war natürlich, bevor ich unsichtbar wurde. An diesem Freitag schnappte ich mir wie an allen anderen Tagen meinen Rucksack, schloss die Tür ab und ging die Treppe runter.

★★★

An diesem Freitag, im selben Augenblick, als ein Junge, der noch nicht weiß, was Unsichtbarsein heißt, aus dem Haus gegangen ist, verlässt auch ein anderer Junge eine Wohnung, die ziemlich viele Querstraßen entfernt liegt, und läuft zur selben Schule.

Er hat auch denselben Test: Mathe in der letzten Stunde, aber er hat nicht dafür gelernt. Eigentlich ist es ihm egal, ob er besteht oder durchfällt, schließlich wiederholt er das Schuljahr und weiß, dass er auf jeden Fall versetzt wird, Vorteil des Systems, denkt er.

Er trägt einen Rucksack, in dem genauso gut Steine stecken könnten statt Bücher, denn er würde dasselbe damit machen, vielleicht sogar mehr mit den Steinen. Er hat nämlich anderes im Kopf, zum Beispiel Betty, ein bildhübsches Mädchen mit einem Piercing in der Nase und noch einem im Bauchnabel.

Er merkt, dass er ohne Pausenbrot aus dem Haus gegangen ist, aber das ist ihm auch egal, er wird sich dann schon eins besorgen.

★★★

Ich ging rasch durch den Park, wahrscheinlich dachte ich an die Testfragen, und fast ohne es zu merken, kam ich an die Ecke mit dem Supermarkt, wo Zaro schon auf mich wartete. Er ist mein bester Freund, wir kennen uns, seit wir klein waren, und haben viele Sommer zusammen verbracht, im Haus meiner Großeltern, in seinem Dorf, in einem Sommercamp ... Als ich ankam, haben wir uns abgeklatscht, das machen wir schon seit Jahren so, seit dem Tag, als ein Wettrennen auf Fahrrädern nicht so ganz gut ausging.

Bestimmt haben wir an diesem Freitag über tausend Sachen geredet: über den Test, über Kiri, darüber, was wir am Wochenende machen, wie gut ich auf den Test vorbereitet war und er halt so wie immer. Dieses *wie immer* bedeutete ein *knapp bestanden*, aber bestanden. Zaro bekam nie mehr als sechs Punkte, aber nie weniger als fünf. Immer gerade genug, um nicht durchzufallen, aber auch gerade genug, um sich nicht hervorzutun.

Wir redeten auch darüber, wie krank es war, in der letzten Stunde einen Test zu schreiben, und dann auch noch an einem Freitag. Jeder weiß, dass ein Test in der letzten Stunde eine Qual ist. Die erste Stunde ist viel besser, dann hat man das Gelernte noch im Kopf, und vor allem ist man nicht den ganzen Tag nervös, man hat es bald hinter sich.

Wir gingen die Straße weiter bis zur Brache, und da, direkt an der gegenüberliegenden Ecke, stand Kiri. An dem Tag war sie schon von weitem zu sehen. Sie ist so anders als ich, sie ist immer sichtbar, extrem sichtbar, und an diesem Tag noch mehr als sonst.

★★★

Kiri war komplett gelb angezogen: gelber Pulli, gelbe Hose, gelbe Sneakers. Eine Zitrone mit Armreifen.

Wir haben eine ganze Weile gelacht, aber es war ihr egal, und das gefällt mir an Kiri am meisten: dass sie ihr Ding macht, und was die anderen denken, kümmert sie nicht.

Keine zwei Minuten später waren wir in der Schule.

Ich weiß noch, dass an diesem Tag, wie an fast allen Tagen mit Test, viele in der großen Pause das Buch oder die Notizen dabeihatten und bis zur letzten Sekunde lernten. Ich nicht, ich wollte nie kurz vor einem Test noch etwas wiederholen.

Kiri und Zaro dagegen hatten ihre Bücher dabei.

Als es zum Ende der großen Pause klingelte, rannten wir alle rein. Die beiden nächsten Stunden, die beiden letzten, waren zusammengelegt worden für den Test, der länger sein sollte als sonst.

Wir warteten im Flur vor dem großen Klassenzimmer auf den Lehrer. Er kam nicht. Vor einem Test gibt es immer den Moment, in dem noch Hoffnung besteht, dass in letzter Minute etwas dazwischenkommt: dass der Lehrer krank geworden ist, dass die Tests verloren gegangen sind … Aber nichts davon ist passiert. Er kam im Eiltempo an, schwitzend, mit einem dicken Stapel Papier in der Hand.

»Gleich geht's los!«, rief er, während er hektisch durchs Klassenzimmer lief.

Er war in Begleitung einer anderen Lehrerin, die sich an die Tür stellte und ihre Liste durchging. Und in der Reihenfolge, in der sie uns aufrief, setzten wir uns irgendwo hin.

Schon komisch, wie eine Kleinigkeit alles bestimmen kann. Wenn an diesem Tag die Pulte anders gestanden hätten, wenn jemand gefehlt hätte, wenn beim Aufrufen jemand übersprungen worden wäre ... Wenn irgendwas davon passiert wäre, würde ich jetzt nicht in diesem Krankenhaus liegen. Bloß eine Kleinigkeit, die ein Leben umkrempeln kann.

★★★

Beim Reinkommen sah ich, dass Zaro am anderen Ende saß, Kiri dagegen fast neben mir, uns trennte nur ein Schüler. Ich machte einen langen Hals und winkte ihr zu. Wir lachten, und tausend Sommersprossen tanzten auf ihrem Gesicht.

»Ruhe!«, war plötzlich zu hören, aber niemand war ruhig. »Ruhe!!!« Noch mal, jetzt lauter. Aber mindestens noch vier Wiederholungen waren nötig, bis es still wurde.

»Wir teilen den Test verdeckt aus«, sagte der Lehrer und setzte sich die Brille auf. »Er darf erst umgedreht werden, wenn ich es sage.«

Während er und die andere Lehrerin die Tests austeilten, spickten wir alle sofort darunter, um die Fragen zu sehen.

»Sobald ihr fertig seid, könnt ihr abgeben und nach Hause gehen, es ist Freitag«, sagte er mit einem schiefen Lächeln.

»Wenn Sie wollen, gebe ich gleich ab!«, war aus der letzten Reihe zu hören. Alle lachten.

»Lasst den Quatsch, die Zeit läuft.«

Wir hatten eineinhalb Stunden.

Aber ich war viel früher fertig.

Und das wurde bemerkt.

Dieses Detail hätte ebenfalls alles ändern können.

Der Test war leicht, sogar ziemlich leicht, fand ich. Mein Onkel, der auch Lehrer ist, sagt, der Unterrichtsstoff wird jedes Jahr einfacher: Sie müssen das Niveau immer weiter absenken, damit auch der Dümmste mitkommt, damit sich der Faulste der Klasse nicht schlecht fühlt. *Wenn irgendwann mal einer dabei ist, der nicht schreiben kann, seid ihr alle dran und übt das ganze Schuljahr Schönschrift*, hat er mal zu mir gesagt.

Ich sah auf die Uhr, es war noch keine Stunde um, und ich war schon fertig. Aus dem Augenwinkel linste ich nach den anderen. Jeder war in seiner eigenen Welt: Manche bewegten den Kuli langsam und schrieben kaum was, andere sahen aus, als würden sie die Frage tausendmal lesen, wieder andere blickten ab und zu an die Decke auf der Suche nach einer Eingebung … und ich, ich war schon fertig.

Aber ich genierte mich, so früh abzugeben, also tat ich, als würde ich die Fragen noch mal durchgehen.

Es ist wichtig, in der Schule nicht allzu schlau zu sein, dann fällt man weniger auf. Besser, man gehört zum Durchschnitt, ist weder besonders gut noch besonders schlecht. Wobei ich sogar glaube, dass Faule viel mehr Anerkennung kriegen als jemand, der sich anstrengt. Sagt jedenfalls mein Vater.

Ich war also gerade dabei, so zu tun, als würde ich die Antworten noch mal durchgehen, da hörte ich von hinten:

»Psss, psss …«

★★★

»Psss, psss …«

Es war wie ein Wispern.

Ich hielt inne, versuchte rauszufinden, ob dieses Geräusch echt war oder ich es mir eingebildet hatte.

»Psss, psss ...« Noch mal.

Nein, es war keine Einbildung. Außerdem war das Wispern jetzt lauter. Jemand hinter mir wollte mich auf sich aufmerksam machen. Aber ich drehte mich nicht um. Weil ich wusste, wer sich da hingesetzt hatte.

»Psss ... Eh, du Depp ... Ich rede mit dir«, sagte er gedämpft.

Da kriegte ich einen Schreck.

Ich drehte mich weit genug, um zu bestätigen, was ich schon geahnt hatte: Da, direkt hinter mir, saß er.

»Schieb mir deinen Test rüber«, verlangte er flüsternd.

»Äh ... ich bin noch nicht fertig ...«, log ich.

»Egal ...«, flüsterte er wieder, »gib her und nimm meinen.« Im selben Moment berührte mich etwas am Rücken, bestimmt sein Test. Mich überlief es heiß und kalt.

Ich hielt nach dem Lehrer Ausschau, aber der war am anderen Ende des Saals und besprach etwas mit einem Schüler.

»Gib endlich her, du Idiot!«, verlangte er nachdrücklicher.

Mit meiner Antwort hätte ich ebenfalls alles ändern können. Hätte es vermeiden können, das erste Monster zu wecken, das erste einer langen Liste, einer Liste von mehr als zehn, mehr als hundert, mehr als tausend Monstern ...
Ein Wort, das mein Leben von da an umkrempelte.

★★★

NEIN

»Was?!«, schrie er wütend.

Ich schwieg, beugte mich vor für den Fall, dass von hinten ein Schlag kam.

»Was ist hier los?«, fragte der Lehrer, während er auf uns zukam.

»Nichts, nichts«, erwiderte er.

»Nichts«, erwiderte ich.

»Bist du schon fertig?«, fragte er mich.

»Ja, ich ... ich bin schon fertig«, sagte ich und gab ihm den Test. Nichts wie weg!

»Gut, wer fertig ist, kann abgeben und nach Hause gehen.«

Im selben Moment wurden jede Menge Stühle gerückt.

An diesem Tag wartete ich nicht auf Kiri oder Zaro, ich schnappte mir meinen Rucksack, ging raus und lief auf dem schnellsten Weg nach Hause.

Wieder und wieder sah ich über die Schulter. Da war niemand, aber ich zitterte immer noch. Dieses *NEIN* würde mir Probleme bereiten.

***

Und im selben Moment, als ein Junge viel zu schnell nach Hause läuft, sitzt ein anderer reglos vor einem unbeschriebenen Testbogen, so wütend wie überrascht.

Nein. Er hat nein gesagt, denkt er die ganze Zeit, ohne auf etwas anderes zu achten, nicht auf den Test, nicht auf seine Kumpel, nicht auf den Lehrer … Es ist, als hätte dieses schlichte Wort mit vier Buchstaben sein Hirn lahmgelegt.

Ein Hirn – und vor allem ein Körper –, das daran gewöhnt ist, immer zu bekommen, was es will. Vielleicht begreift es deswegen nicht, was passiert ist. Schon seit langer Zeit bekommt es kein Nein mehr zur Antwort, weder zu Hause noch in der Schule oder auf der Straße … Denn ein NEIN bedeutet, ihn sich zum Feind zu machen.

Er ist groß, stark und sieht gut aus. Und denkt, in der Gesellschaft, in der er lebt, bräuchte er sonst nichts. Außerdem ist er zwei Jahre älter als seine Mitschüler. Sein einziger Makel ist, dass ihm ein Stück vom kleinen Finger fehlt. Wobei er einen Vorteil daraus geschlagen hat. Er behauptet, er hätte es bei einer Rauferei verloren, bei derselben, bei der er sich die Narbe auf der Brust, direkt über dem Herzen, eingehandelt hat. Das sagt er zumindest. Niemand weiß, ob es wahr ist, aber niemand zieht es in Zweifel.

NEIN.
Er hat nein gesagt, denkt er.
Für wen hält sich dieser Idiot eigentlich?
Er hat nein gesagt, und zwar vor der ganzen Klasse. Alle haben es gehört. Er wollte mich lächerlich machen.
Und das Schlimmste von allem, ich hab wieder nicht bestanden. Meine Alten haben gesagt, beim nächsten Mal kassieren sie Handy, Taschengeld und Roller ein und alles andere auch.
Wegen dem Vollpfosten da habe ich den Test nicht bestanden, aber das zahl ich ihm heim, und wie ich ihm das heimzahle!
Er hat nein gesagt.

Im Grunde geht es ihm gar nicht so sehr darum, dass er nicht bestanden hat. Seine Eltern werden ihm Handy, Taschengeld, Roller und alles, was er braucht, wiedergeben, das weiß er. Am meisten ärgert ihn dieses Nein. Ein Nein, das ihn bei jedem Schritt und jedem Gedanken verfolgt. Nein, nein, nein, nein, nein … vier Buchstaben, die wie ein Maschinengewehr jemanden treffen, der keinen Frust aushalten kann.

Am liebsten will er sich gleich rächen, jetzt sofort, er hasst es zu warten. Um Wut abzulassen, tritt er ein paarmal gegen eine Tür. Spuckt aus, ballt die Fäuste, beißt die Zähne so fest zusammen, dass sie gleich zu zerspringen scheinen.

Er kann nicht warten. Weil er nicht weiß, wie das geht, weil niemand es ihm beigebracht hat. Er muss etwas tun, sonst kriegt er die Krise. Und da hat er eine Idee.

Perfekt, denkt er, während er einen seiner Kumpel anruft.

★★★

An diesem Freitag kam ich sehr nervös nach Hause.

Ich bekam die Tür nicht auf Anhieb aufgeschlossen, auch nicht beim zweiten und dritten Versuch, weil meine Hand so zitterte. Ich ging rein und warf sofort die Tür zu, als stünde dahinter ein Gespenst.

Meine Eltern waren noch nicht da. Eine ganze Weile lief ich kopflos im Esszimmer hin und her. Ich versuchte mir einzureden, dass nichts passiert war; dass am Montag, wenn ich wieder zum Unterricht ging, alles vergessen sein würde.

Ich machte den Kühlschrank auf, nahm mir etwas zu essen und ging hoch in mein Zimmer, um mich in meine Comics zu flüchten. Immer wenn ich irgendein Problem hatte, war das meine Therapie.

Ich las eine ganze Weile, und beim Betrachten der Zeichnungen überlegte ich, was Spider-Man, Superman oder Batman wohl an meiner Stelle tun würden.

Irgendwann merkte ich, dass ich die Augen zwar auf die Comics gerichtet hatte, mich aber auf nichts konzentrieren konnte. Ich packte sie zur Seite und legte mich rücklings aufs Bett.

Eins nach dem anderen betrachtete ich alle Poster in meinem Zimmer, bis ich zu einem kam, auf dem ein Satz stand, der mich plötzlich stutzig machte: *Im Kopf deines Gegners musst du mehr sein als nur ein Mensch.*

Ich las ihn mehrere Male. Es war, als hätte ihn jemand extra für mich da hingeschrieben: *mehr als nur ein Mensch ...*

Ich starrte eine ganze Weile an die Decke, ohne etwas zu tun, ließ die Zeit verstreichen, bis ich eine Nachricht aufs Handy bekam.

Erschrocken sprang ich vom Bett hoch.

★★★

Hey, was war denn? Du warst nach dem Test so schnell weg
Es war Zaro.
Nichts, also, ich hatte es eilig
Pf, was ist los?
Nix
Und was wollte MM?
Ach, ich sollte ihm den Test rüberschieben
Pass bloß auf mit dem
Ja, kein Ding
Dann liefs gut mit dem Test?
Gut, ja, sehr gut, okay
Genial, bei mir auch, war nicht schwer
Und Kiri?
Du weißt ja, Kiri sagt immer das Gleiche, ging so, aber bestimmt sehr gut
Was machst du morgen?
Shoppen mit meinen Eltern, glaub ich
Uups, wir fahren ins Dorf
Genial
Wir sehen uns Montag
Okay

Hab Spaß
:)
:))
:)))
:))))))

Dann hörte er auf zu schreiben.

Und ich nahm wieder den Comic, aber ich hatte kaum zwei Seiten gelesen, da kam noch eine Nachricht.

Jetzt nervt er aber!, dachte ich. Beim Blick aufs Display merkte ich allerdings, dass sie gar nicht von ihm war.

Ich bekam Herzklopfen.

★★★

Hallo!!!

Sie sieht, dass am anderen Display getippt wird.

Hallo!!!!!!

… antwortet er, und sie bekommt auch Herzklopfen; ihr zittern auch die Finger, die Sommersprossen und sogar das Lächeln.

Schon lange sucht sie nach dem richtigen Moment, um ihm zu gestehen, was sie empfindet, ihn um einen Kuss zu bitten, einen Kinoabend, eine dieser Umarmungen, die einem den Atem rauben … aber sie traut sich nicht. Sie sind schon so lange befreundet, dass sie jetzt nicht weiß, wie sie die Situation ändern soll. Wie man die Kurve von der Freundschaft zur Liebe kriegt, ohne Ersteres kaputt zu machen oder Zweiterem die Tür zu verschließen.

Deshalb will sie erst mal so weitermachen und am Handy versuchen, was sie sich persönlich nicht traut. Indem sie jeden Tag bei jeder Nachricht mehr Emojis hinzufügt: heute ein Herz oder ein zwinkerndes Gesicht, morgen ein Lächeln mit einem Kuss … Diese Bilder sollen ausdrücken, was sie nicht zu sagen wagt.

★★★

Es war Kiri. Meine Finger haben gezittert.

Mein Vater sagt, in diesem Leben gibt es zwei Gründe, warum einem das Herz stehen bleiben kann, erstens aus Liebe und zweitens vor Angst.

Hallo!!!

Ich hab ihr geantwortet:

Hallo!!!!!!

Wie war der Test??

Gut, sehr gut.

Du warst so früh weg?? Warum?

Also, ich hatte es eilig, musste zu Hause helfen.

Was machst du dieses Wochenende …

Und so ging's weiter hin und her mit den Nachrichten, mindestens eine halbe Stunde lang. Jedes Mal, wenn in einer ihrer Antworten ein Herz kam, fing ich an zu schweben. Es waren nur Bildchen, nichts weiter, Emojis, die sie bestimmt allen Leuten schickte, aber in meiner Welt stellte ich mir vor, dass die Küsse, die auf meinem Display auftauchten, nur für mich waren.

Kiri hat mir schon immer gefallen, aber erst im letzten Jahr habe ich gemerkt, dass sie mir *wirklich* gefällt. Ich glaube, ich hab mich in sie verliebt. Deswegen, weil es ein großer Wunsch werden sollte, habe ich an meinem letzten Geburtstag die Kerzen so stürmisch ausgeblasen. Das Problem ist, dass wir schon so lange befreundet sind, und wenn ich ihr gefallen würde, hätte sie es mir bestimmt längst gesagt, vielleicht hätte ich es auch gemerkt. Deswegen habe ich ihr die ganze Zeit nie was sagen wollen, ich wollte unsere Freundschaft nicht ruinieren. Ich wollte sie lieber jeden Tag als Freundin haben, als sie gar nicht zu haben.

Nach ewig vielen Nachrichten haben wir uns verabschiedet: sie mit einem lila Herz und zwei kleinen Gesichtern mit Kuss, die ein Lächeln in meins gezaubert haben.

Kurz darauf kamen meine Eltern.

Ich ließ das Handy in meinem Zimmer und ging zu ihnen runter.

Sie hatten Pizza mitgebracht, es war Freitag. Wir aßen alle vier zusammen am Esstisch zu Abend.

Danach sahen wir eine Weile fern, aber ich ging in mein Zimmer unter dem Vorwand, ich wäre müde, ich hätte wegen der Vorbereitungen für den Test nicht viel geschlafen. In Wirklichkeit wollte ich jede einzelne Nachricht von Kiri noch mal lesen, unsere ganze Unterhaltung noch mal durchgehen. Das war meine Art, ihre Worte auszukosten, zu sehen, ob einer ihrer Küsse oder eines ihrer Herzen noch mehr bedeuten konnte.

Als ich das Handy nahm, fand ich aber eine neue Nachricht vor, mit der ich nicht gerechnet hatte. Ich erlebte den zweiten Grund, warum einem das Herz stehen bleiben kann.

Soso, du sagst also nein ... Darrüber reden wir noch mal am Montag, du und ich

★★★

Das war die erste Drohung von vielen, die ich das Wochenende über bekam.

Nach einem ganzen Haufen Nachrichten voller Beleidigungen beschloss ich am Samstag, das Handy auf lautlos zu stellen. Trotzdem zitterte ich jedes Mal, wenn es vibrierte, am ganzen Körper.

Am Sonntag entschied ich, es ganz auszuschalten.

Bis dahin kannte ich MM nur vom Hörensagen. Ich war dieses Jahr neu an der Schule. In meiner Klasse waren vier Jungen und zwei Mädchen von meiner alten Schule, aber von meinen richtigen Freunden nur zwei, Zaro und Kiri.

An den ersten Tagen lief alles viel besser, als ich gedacht hatte. Wir waren alle neu und zappelten herum, alle außer MM, der schon einmal wiederholt hatte.

Dann kamen die ersten Tests, und wie immer bekam ich wegen meiner Macke die besten Noten. Und außer ein paar spöttischen Bemerkungen und *Streber*-Rufen passierte nichts, bis der verfluchte Freitag kam, an dem das Schicksal es wollte, dass MM sich im Mathetest hinter mich setzte.

An dem Sonntag verbrachte ich fast den ganzen Tag in meinem Zimmer. Meinen Eltern sagte ich, ich hätte

Bauchweh, vielleicht wäre mir irgendwas schlecht bekommen, und diese Lüge nutzte ich aus, um im Bett zu bleiben und stundenlang Comics zu lesen.

Ab und zu kam Luna rein und spielte Frau Doktor, die mich behandelte. Sie steckte mir ihr eingebildetes Thermometer unter die Achsel, gab mir ihre eingebildete Medizin und klebte mir am ganzen Körper auch Pflaster auf, aber die waren nicht eingebildet.

Und so verging der Sonntag im Schneckentempo. Ich malte mir aus, was am Montag passieren könnte, deswegen wurde ich gegen Abend immer nervöser. Ich wollte nicht, dass der nächste Tag kam, ich hatte keine Lust, in die Schule zu gehen und MM zu begegnen.

Ich aß ohne Appetit zu Abend, die Ausrede mit dem Bauchweh zog immer noch, also ging ich früh ins Bett.

Ich griff nach dem Handy, um es einzuschalten. Ich wollte wissen, ob Kiri mir geschrieben hatte, ob sie mir noch ein lächelndes Gesicht oder Lippen mit einem Kuss geschickt hatte … irgendeine dieser kleinen Aufmerksamkeiten, die mich glücklich machten. Andererseits wollte ich nicht wissen, ob MM mir wieder geschrieben hatte, ich wollte nicht noch mehr Drohungen und Beleidigungen lesen.

Letztlich war meine Angst stärker als die Liebe, also ließ ich es ausgeschaltet.

Und schloss die Augen, konnte aber nicht schlafen.

★★★

Montag

Und der Montag bricht an für einen Jungen, der keine Lust hat, in die Schule zu gehen. Er sieht aus dem Fenster und wünscht sich, es würde so viel schneien, dass er nicht hinausgehen kann, es würde so heftig regnen, als käme das Meer bis direkt vor die Tür, es wäre so kalt, dass sogar seine Ängste einfrieren ... Aber vergeblich. Die Sonne scheint.

Er könnte so tun, als wäre er immer noch krank, als hätte er solche Bauchschmerzen, dass er nicht aufstehen kann, aber das würde bei ihm zu Hause alles durcheinanderbringen. Sein Vater muss zur Arbeit, seine Mutter auch, Luna muss in den Frühhort gebracht werden ... Bei der derzeitigen Lage sollte man sich auf der Arbeit lieber nicht zu viel herausnehmen, hat er seine Mutter neulich zu seinem Vater sagen hören. Außerdem, wie lange kann so ein Bauchweh überhaupt dauern? *Bis er mich vergisst*, denkt er.

Lustlos geht er nach unten zum Frühstücken, versucht es aber zu überspielen, damit seine Eltern nichts merken, damit er nichts erklären muss.

Sein Vater ist schon weg, seine Mutter auf dem Sprung, dann ist nur noch er zu Hause.

Er wird sich sein Pausenbrot machen, den Rucksack

packen … aber das Handy wird er in seinem Zimmer lassen. Ausgeschaltet.

Und dann wird er zur Schule laufen. Er weiß, dass er die beste Note im Test bekommt. Was er nicht weiß: ob das gut oder schlecht ist.

★★★

Der Montag bricht an für einen Jungen mit neuneinhalb Fingern, der mehr Lust denn je hat, in die Schule zu gehen. Er sieht aus dem Fenster und wünscht sich, dass die Sonne scheint, dass es keine Ausrede gibt, nicht in den Unterricht zu gehen. Heute würde er auf jeden Fall gehen, auch wenn es tausend Gewitter gäbe, auch wenn so viel Schnee fallen würde, dass die Straßen gesperrt wären, auch wenn er vor lauter Kälte nicht rausgehen könnte … Nicht mal, wenn er krank wäre, würde er heute zu Hause bleiben.

Er ist früh aufgestanden, hat sich angezogen und ist gleich in die Küche gegangen. Da ist seine Mutter und macht Frühstück für ihn und was für die Pause und alles, was er braucht … Sie denkt, indem sie ihm alles gibt, kann sie vielleicht wiedergutmachen, was vor ein paar Jahren passiert ist.

Seinen Vater sieht er dagegen kaum, er arbeitet den ganzen Tag, und wenn er zu Hause ist, reden sie nicht miteinander. Der Erwachsene, weil er ein Schuldgefühl mit sich herumschleppt, das ihn beklommen macht; der Junge, weil er sich an diese Situation – das Fehlen von Worten und Zuwendung zwischen beiden – längst gewöhnt hat.

Er nimmt den Rucksack mit einer Vorfreude, die er

seinen Eltern gegenüber zu überspielen versucht, damit sie nichts merken, damit er nichts erklären muss.

In der Hand hat er ein Handy, von dem aus er das ganze Wochenende pausenlos Nachrichten geschickt hat. Nachrichten, auf die er keine Antwort bekommen hat. *Feigling*, denkt er.

Er grinst, während er zur Schule läuft, er weiß, dass er den Test nicht bestanden hat, weiß aber auch, dass es etwas Neues gibt, worauf er sich freut.

★★★

Dieser Morgen war der erste von vielen, an denen ich mit Angst aus dem Haus ging. Im Park blickte ich mich nach allen Seiten um, hielt schon von weitem nach Zaro Ausschau. Kaum war ich bei ihm, fragte er mich als Erstes nach dem Handy.

»Hattest du es das ganze Wochenende ausgeschaltet?«

»Ja, ich war krank, Bauchweh … und der Akku war leer, und ich hab's nicht mehr aufgeladen«, log ich.

»Du siehst wirklich ein bisschen blass aus«, gab er zurück. Da fühlte ich mich noch schlechter.

Er fragte mich auch, ob beim Test irgendwas mit MM gewesen wäre, aber ich sagte nein.

»Also, nimm dich vor dem in Acht. Das ist einer von denen, denen die Schule total egal ist.«

Nach wenigen Minuten trafen wir Kiri. Sie lächelte mich sofort an, und das stimmte mich froh. Allein schon so ein Lächeln von ihr, ganz ohne Smileys, ohne Küsse, ohne lila Herzen …

Als wir in der Schule waren, spähte ich wieder nach allen Seiten. Ich konnte ihn nirgends entdecken, und das machte mich noch nervöser.

★★★

Dieser Morgen ist der erste von vielen, an denen ein Junge mit neuneinhalb Fingern voll neuer Vorfreude zur Schule aufbricht.

Wenige Minuten später trifft er sich mit seinen Kumpels auf einem kleinen Platz.

»Hat er dir auf die Nachrichten geantwortet?«

»Auf keine einzige. Ich glaub, er hat sie nicht mal gelesen.«

»Feigling.«

»Ja, er ist ein Feigling.«

Sie sind früh in der Schule, viel früher als sonst, und verstecken sich in einer etwas abgelegenen Ecke, von wo sie gut sehen und nur schwer gesehen werden können.

Und da ist er, ja, genau der Junge, dem es später gelingen wird, sich unsichtbar zu machen, den sehen sie jetzt als Ersten.

MM findet ihn nervös, ihm fällt auf, dass er sich ständig umsieht und seinen Freunden nicht von der Seite weicht … Angst.

Angst, der Treibstoff, der Menschen wie MM auf Touren bringt.

Wenn sich unser zukünftig unsichtbarer Junge anders verhalten hätte, herausfordernder, unbekümmerter; wenn er MM selbstsicherer, gelassener vorgekommen wäre, hätte er sich vielleicht nicht so gefreut. Aber das Einzige, was MM da sah, war Angst.

★★★

Ich betrat das Klassenzimmer voller Angst, sah zu seinem Pult. Er war noch nicht da. Ich setzte mich hin, in die zweite Reihe, drei Reihen vor ihm, und nahm mir vor, mich die ganze Stunde unter keinen Umständen umzudrehen.

Der Lehrer kam rein.

Das Problem war, dass wir montags in der ersten Stunde gleich Mathe hatten. Hoffentlich hatte er die Tests noch nicht korrigiert.

»Also, Leute, heute gibt's die Noten vom Test«, sagte der Lehrer als Erstes. »Ich habe das ganze Wochenende korrigiert, um es hinter mich zu bringen. Und wie fast immer schlechte Noten, sehr schlechte Noten.«

Es ging mit dem Gekicher los.

»Bis auf eine Ausnahme«, redete er weiter, während er einen Stapel Blätter aus seiner Aktentasche zog.

Das war ich. Die Ausnahme, die verfluchte Ausnahme.

Er begann die Noten zu verkünden, etwas, das ich hasste, das er aber immer genoss. Denn wenn dieser Lehrer etwas lieber tat als alles andere auf der Welt, dann Schüler lächerlich zu machen.

»Zwei Punkte, dreieinhalb Punkte, vier Komma fünf,

sechs Punkte, fünf Punkte, ein Punkt ...« Und so betete er alle Noten herunter ... bis er zu MM kam.

»Eineinhalb Punkte, den einen dafür, dass du deinen Namen schreiben kannst, und den halben geschenkt.« Das stürzte die Klasse in Verlegenheit. Denn viele meiner Mitschüler wussten nicht, ob sie jetzt lachen sollten oder nicht. Ob sie dem Klassenbully damit einen Gefallen taten oder ob er dann etwa dachte, sie würden ihn auslachen.

Und noch mehr Noten, noch mehr *nicht bestanden* ... bis er zu meinem Test kam.

»Zehn Punkte, wie immer, hervorragend«, sagte er. »Lernt von ihm, dieser Junge wird es weit bringen.«

Pfiffe und Buhrufe ... Ich brachte es nicht fertig, mich nach MM umzudrehen, um sein Gesicht zu sehen, konnte es mir aber vorstellen. Schon in dem Moment, als sich alle zu mir umdrehten, wäre ich gern unsichtbar gewesen, nicht da gewesen.

Während der Lehrer weiter die restlichen Noten hersagte, kriegte ich plötzlich eine Papierkugel in den Rücken. Es war die erste von vielen, von Tausenden. Ich drehte mich nicht um, es war ja klar, wer sie geworfen hatte.

An diesen Moment habe ich noch oft gedacht. Was wäre passiert, wenn ich aufgestanden, zu MMs Pult gegangen wäre und ihm einen Kinnhaken verpasst hätte? Dann wäre sicher Schluss gewesen, er hätte mich nicht länger mit Papierkugeln beworfen.

Aber das tat ich nicht. Um so etwas zu tun, muss man so sein, wie ich nicht bin. Dazu muss man einen Mut haben, den ich nicht habe.

Es klingelte. Da wurde ich nervös und hielt rasch nach Kiri und Zaro Ausschau, um mich zwischen die beiden zu stellen.

Dann gingen wir raus.

★★★

Dieses *eineinhalb Punkte* ist für MM wie ein Schlag ins Gesicht, auch wenn er sich äußerlich nichts anmerken lässt, auch wenn er vor den anderen darüber lacht. Er weiß, mit nicht bestandenen Tests macht er sich beliebter, wird mehr respektiert und gefürchtet … aber in ihm drin bildet sich eine andere Auffassung. Und die stimmt ihn traurig, wenn er allein in seinem Zimmer hockt und denkt, dass er einfach nicht klüger sein kann, dass er immer der Dummkopf der Klasse sein wird; der Bösewicht, ja, der Beliebte, der Gutaussehende, der Starke … und auch der Ungeschickte, der es einfach nicht hinkriegt.

Deshalb, um diese Unzulänglichkeit wettzumachen, die er nie gegenüber irgendjemandem zugeben wird, greift er zur Gewalt, was erst mal funktioniert. Mit Wut gleicht er die Ohnmacht aus. Wut auf einen Jungen, der alles verkörpert, was er selbst nicht hat. Der ein *Sehr gut* mit der gleichen Leichtigkeit erzielt, wie er selbst Prügel austeilt.

Deshalb, um die ganze Wut loszuwerden, die ihm in den Knochen sitzt, wird er im Pausenhof den Schuldigen suchen. Den Jungen, der ihn nicht hat abschreiben lassen.

Und bis dahin staut sich die Wut in ihm auf.

★★★

Ich ging mit Zaro, Kiri und noch zwei anderen Mädchen aus der Klasse auf den Schulhof. Wir stellten uns an dieselbe Stelle wie immer, in eine der Ecken neben dem Brunnen.

An diesem Tag achtete ich darauf, in der Mitte zu stehen, als könnten die anderen einen Schutzschild für mich bilden.

Aber manchmal kann man dem Unvermeidlichen nicht entgehen, und es kam, wie es kommen musste.

Wir hatten die Pausenbrote noch nicht ausgepackt, da kam MM mit zwei anderen Jungs auf uns zu. Er sprach mich direkt an.

»Soso, du sagst also nein«, warf er mir an den Kopf.

»Was?«, brachte ich bloß heraus.

»Du weißt genau, was ich meine! Du hast mir den Test nicht rübergeschoben ... du Idiot.« Und in diesem *Idiot* steckte noch mehr Wut.

»Wir wären erwischt worden ...«, versuchte ich mich zu rechtfertigen.

»Nein, wären wir nicht! Du wolltest ihn mir bloß nicht geben, du Depp.«

»Quatsch, wir wären erwischt worden ...«

»Dafür erwische ich dich jetzt.« Und vor lauter Frust gab mir MM einen Schubs.

Keinen starken Schubs, er brachte mich nur ein bisschen ins Taumeln, aber das genügte uns beiden schon.

Mir, weil etwas angefangen hatte, von dem ich nicht wusste, wie ich es stoppen sollte, und ihm, weil ich mich nicht wehrte, ihm den Schubs nicht zurückgab. Weil er merkte, dass er weitermachen konnte.

»Hey, hey! Sag mal, was bildest du dir denn ein?«, schrie Kiri.

»Sieh mal an, du hast eine Beschützerin«, sagte er an mich gewandt.

Und ohne dass ich es merkte, griff er nach meinem Pausenbrot und nahm es mir weg.

»Zeig mal, was hast du denn dadrin?«, sagte er lachend, während er ein paar Meter zurückwich.

Wir warteten alle ab.

»Igitt, Thunfisch, mag ich nicht«, sagte er und ließ das Brot fallen.

Er sah mir in die Augen, wohl um zu sehen, ob ich reagierte, aber als er merkte, dass ich nichts tat, hob er den Fuß und trampelte mit aller Kraft darauf rum.

Er blieb lachend vor mir stehen. Und ich starrte auf das, was aus meinem belegten Baguette am Boden geworden war.

Wenige Sekunden später geschah etwas in meinem Körper, das ich nicht unter Kontrolle hatte.

★★★

Das belegte Baguette

Genau in dem Moment wird dem verängstigten Jungen, der sein belegtes Baguette auf dem Boden betrachtet, klar, dass es echte Gewalt gibt. Nicht die Gewalt, die er Tag für Tag im Fernsehen sieht, die so weit weg ist und anderen Menschen an anderen Orten widerfährt ... sondern die, die gerade sein unmittelbares Umfeld gestreift hat.

Außerdem hat er die andere Seite der Gewalt entdeckt, die nie erwähnt wird: wenn Menschen zusehen und nichts tun. Wenn Mitschüler herbeilaufen, um das Spektakel zu sehen, aber entschlossen sind, sich rauszuhalten; wenn sie bei einer Prügelei bloß ihre Handykamera starten, um später damit angeben zu können; wenn sie bei einem Unfall lieber alles Mögliche tun, nur nicht helfen; wenn sie bei einer Ungerechtigkeit wegsehen, dahin, wo es nichts zu sehen gibt.

Und nachdem er diese beiden Seiten der Gewalt entdeckt hat, blickt er wieder auf den Boden und begreift, dass da nicht nur ein zertrampeltes Baguette liegt, sondern noch viel mehr. In diesem Baguette steckt die ganze Welt, seine ganze Welt: das späte Nachhausekommen seines Vaters, der müde von der Arbeit ist; auch das frühe Aufstehen einer Mutter, die putzen gehen muss, damit das Geld bis zum Monatsende reicht; in diesem Baguette stecken mehrere Ausflüge, die er nicht mitmachen konnte, die angesagten Sneakers, die er sich nicht hat kaufen können, die Fahrt in den Freizeitpark, die zu teuer für ihn war, die ganzen Filme, die er nicht im Kino gesehen hat ... Da, auf dem Boden, liegt ein Teil seines Lebens, die Anstrengungen einer ganzen Familie, über die Runden zu kommen.

Da, in diesem Stück Baguette mit Thunfisch.

Und das ist vielleicht der Grund, warum sich jemand, der nie Gewalt angewendet hat, jetzt in Hulk verwandeln möchte. Warum er voller Wut und Hass ist. Warum er seinen Gegner angreifen, schlagen, vernichten möchte. Warum ihn sein Blut jetzt von innen aufkratzt, als würde sich ein Schwall Scherben durch seinen ganzen Körper wälzen.

Das Problem ist, dass er nicht weiß, wie er diese Gewalt nach außen befördern soll, wie er das Feuer loswerden soll, das ihn innerlich verzehrt ... Und das – nicht zu wissen, wie man Rachegelüste loswird – hat Folgen.

Wie eine Infektion, die keinen Ausweg findet, wird seine Haut rot, mehrere Adern in seinem Gesicht schwellen an, seine Hände werden vor lauter Zusammenballen immer dunkler ...

Er sieht sich zwar nicht, kann diese Veränderungen aber alle spüren, und deshalb glaubt er, dass er sich irgendwie in Hulk verwandelt.

Das Problem ist, dass es von außen ... dass es von außen anders aussieht.

★ ★ ★

Das Gesicht eines Jungen, dem man gerade ein Stück Leben zertrampelt hat, läuft rot an: die Ohren, die Wangen, sogar die Nase … Sein ganzes Gesicht wird rot. Ihm kribbeln auch die Hände und die Finger und die Oberschenkel … und ihm wird heiß, als würde sein Körper in Flammen aufgehen. Er weiß es nicht, aber das geschieht, wenn die Wut aus dem Körper will, aber der Kopf sie nicht lässt.

Und dieser Anblick des Jungen voll aufgestauter Wut, der nicht weiß, wie er sie loswerden soll, bringt seinen Gegner und alle Zuschauer zum Lachen.

»Guckt mal, der läuft an wie eine Tomate«, schreit MM mitten im Schulhof. »Guckt mal, eine Supertomate!«

Und dieses Geschrei führt dazu, dass sich immer mehr Schüler um einen Jungen zusammendrängen, dem der Schweiß ausbricht, der vor Wut und Angst zittert, der sich jetzt sofort auf MM stürzen und ihm ins Gesicht schlagen, ein blaues Auge verpassen, ihn zu Boden werfen und ihm dort Fußtritte verpassen könnte, bis er blutet … Doch als dieser Junge merkt, dass er überhaupt nichts tun kann, läuft er schnell weg, zu den Toiletten, schallendes Gelächter im Schlepptau.

Er reißt die Tür auf, blickt in den Spiegel und erkennt sich nicht wieder.

Schon klar, wenn er nervös wird, wenn er Angst hat, reagiert sein Körper so: Er wird rot. Aber noch nie so stark wie jetzt.

Mehrmals wäscht er sich das Gesicht, geht in eine abgetrennte Kabine, setzt sich und versucht sich zu beruhigen.

Er würde gern länger hierbleiben, ein paar Stunden oder Tage … aber er weiß, dass er wieder hinausgehen muss, nicht auf den Schulhof, sondern in die Welt.

★★★

Von diesem Tag an landeten auf meinem Handy Bilder mit meinem Gesicht in Form einer Tomate, in einen roten Hulk verwandelt oder mit so angeschwollenem Körper, dass ich wie ein Monster aussah. Das Problem ist, dass ich keine Kontrolle darüber hatte, die Aufnahmen gingen von Handy zu Handy, ohne dass ich etwas dagegen tun konnte.

In den folgenden Tagen fand ich auch Dinge im Rucksack: einmal eine Zeichnung mit meinem Gesicht in Form eines Luftballons, ein andermal ein Foto von Hulk, dann eine vergammelte Tomate, die mir den Rucksack und alle Bücher vermatschte.

An dem Tag log ich meine Eltern zum ersten Mal an. Ich behauptete, ich hätte mir ein Baguette mit Tomate gemacht und es sei aus der Folie gerutscht und hätte alles schmutzig gemacht.

Manchmal betrat ich morgens die Klasse und merkte, dass viele Mitschüler mich ansahen und lachten. Zuerst konnte ich mir das nicht erklären. Mit der Zeit fand ich heraus, dass dann irgendein Witz, Video oder Foto über mich die Runde gemacht hatte ...

Was ich am wenigsten verstand: Die meisten von denen, die über mich lachten, kannten mich gar nicht, sie waren an dem Tag, als ich rot angelaufen war, gar nicht dabei gewesen. Sie lachten einfach so, um zur Gruppe zu gehören.

Und in der großen Pause … Mir das Baguette wegzunehmen wurde zur festen Gewohnheit, es war die Attraktion des Tages, immer warteten welche auf den Moment, in dem MM auf mich zugehen und mich demütigen würde.

Er wollte testen, ob ich wieder so rot wurde wie beim ersten Mal. Deshalb ging er immer heftiger auf mich los, beleidigte mich länger, legte es darauf an, dass viele Schüler um uns herumstanden und sehen konnten, wie er sich über mich lustig machte … und auf mir herumhackte, bis ich es nicht mehr länger ertrug und wieder rot wurde. Und dann wieder Gelächter und Videos, Dinge in meinem Rucksack …

Manchmal nahm er mir das Pausenbrot weg und schmiss es auf den Boden, aber wenn er Appetit darauf hatte, aß er es auf …

Dann dachte ich jedes Mal auch an meine Eltern, daran, wie viel sie arbeiteten. Wie sie reagieren würden, wenn sich mitbekämen, dass ihr Sohn so feige war; dass er sich nicht wehren konnte, dass er zuließ, dass ein anderer Junge ihm Tag für Tag das Pausenbrot wegnahm. Dafür schämte ich mich, schämte mich entsetzlich.

Deshalb ging ich dazu über, mein Pausenbrot jeden Tag kleiner zu machen, mit weniger drauf.

»Warum lässt du es dir wegnehmen?«, fragte mich Kiri, fragte mich eine andere Freundin von ihr, fragten mich manche meiner Mitschüler.

Warum helft ihr mir nicht?, dachte ich.

»Am besten tut man gar nichts, vielleicht lässt er es dann«, sagte Zaro immer, der sich rauszuhalten versuchte.

»Ach, ist doch egal, solange es nur das ist …«, sagte ich.

»Dann will er jeden Tag mehr«, meinte Kiri. »Solange du es dir gefallen lässt, macht er immer weiter, und wenn ihm das Pausenbrot langweilig wird, nimmt er dir was anderes weg.«

Irgendwann war es mir egal, dass er mich schubste, dass er mich beleidigte, dass er mir das Baguette wegnahm … Am meisten machte mir aus, dass Kiri immer dabei war.

Deswegen – wegen ihr, wegen meinen Eltern, wegen mir selbst, wegen der Wut, von der ich nicht wusste, wie ich sie ablassen sollte – überlegte ich mir einen Plan, um der Sache ein Ende zu machen. Vielleicht war der Plan übertrieben, ja, denn die Folgen konnten fatal sein, aber das war mir egal. Ich glaube, wenn der Körper so voller Hass ist, kann der Kopf nicht mehr logisch denken.

Das macht er nicht noch mal, sagte ich mir jedes Mal, wenn er mir das Pausenbrot wegnahm. Das machst du nicht noch mal, sagte ich ihm mit dem Blick, während ich mich zu erinnern versuchte, wo meine Mutter das Rattengift aufbewahrte.

★★★

An dem Morgen, als ich es tun wollte, wartete ich, bis ich allein im Haus war. Sobald meine Eltern weg waren, suchte ich in der Vorratskammer, unten, wo meine Mutter das ganze Putzzeug stehen hat, verschiedene Desinfektionsmittel, Salmiak ... und schließlich fand ich es: Rattengift.

Ich klappte das Baguette auf, nahm das Nutella, mischte es mit dem Gift und strich die Mischung auf das Brot. Ich packte es in Folie und steckte es in meinen Rucksack.

An diesem Tag ging ich freudestrahlend aus dem Haus. Bei Zaros Anblick lächelte ich, bei Kiris Anblick lächelte ich, wie ich schon länger nicht mehr gelächelt hatte, und auf dem Schulweg dachte ich nicht an die möglichen Folgen.

Es konnte sein, dass er es aß und nichts passierte. Oder dass er sich den Magen verdarb. Oder irgendwas sonst ... Ich dachte auch an andere Möglichkeiten: dass er merkte, dass es nicht gut schmeckte, und auf mich losging, weil ich ihn reinzulegen versuchte. Und dass er mich dann zwingen würde, das Brot selbst zu essen. Wobei es auch die Möglichkeit gab, dass er es gar nicht wollte und es auf den Boden knallte.

Ich dachte an viele Möglichkeiten, nur nicht daran, was tatsächlich passierte. Auf die Idee wäre ich gar nicht gekommen.

★★★

Und nach Papiergeschossen an den Rücken, Gekicher, Blicken und Handynachrichten, die ich kaum noch las, klingelte es zur großen Pause.

Nervös ging ich mit meinem Baguette in der Hand nach draußen. Hoffentlich kam er zu mir. Ich wartete, wickelte es langsam aus.

»Was hat Herr Tomate denn heute zum Frühstück?« So nannte er mich seit dem Vorfall am ersten Tag immer. »Mal sehen, ob ich es mag ...«

Und genau wie immer riss er mir das Baguette aus den Händen.

»Mmmm, auf Nutella hab ich heute Appetit, sag deiner Mutter schönen Dank!« Er lachte, und alle um ihn herum, die immer mehr wurden, lachten auch.

Er zog die Folie auseinander, um reinzubeißen. Und in diesem Moment, als er das Baguette schon im Mund hatte, passierte etwas, das ich bei all meinen Überlegungen nicht bedacht hatte. Etwas, das ich nicht unter Kontrolle hatte.

Ich war's nicht, wirklich wahr, das wollte ich gar nicht, mein ganzer Körper hat sich bewegt, ohne dass ich es ihm befohlen habe. Das muss mein Gewissen gewesen sein.

★★★

Vielleicht eine der unglaublichsten Eigenschaften eines Superhelden: dass er mitten im Kampf gegen das Böse, sogar nachdem er seinen Gegner schon besiegt hat, alles daransetzt, um ihn zu retten.

Deshalb stürzt sich der Junge, der das Gift ins Pausenbrot getan hat, zur Verblüffung aller auf MM, stößt ihn um, und beide fallen neben ein belegtes Baguette, das beim Aufprall aufklappt.

Mehrere Sekunden Schweigen, wie es auf eine Überraschung folgt, auf eine Reaktion, die niemand erwartet hat, auf das Erwachen eines Helden …

Vielleicht das Kurioseste in dieser seltsamen Situation, in der die Hauptfiguren gerade die Rollen gewechselt haben: Den ganzen Mut, den unser Held nie gehabt hat, um sich gegen seinen Peiniger zu wehren, hat er jetzt bekommen, um ausgerechnet diesem Peiniger das Leben zu retten.

Aber die anfängliche Überraschung legt sich.

MM steht auf.

Und etliche Handys warten.

Was wird jetzt aus diesem Superman, der plötzlich wieder zu Clark Kent geworden ist? Aus diesem Helden, der wieder der namenlose Junge von zuvor ist, sobald er begreift, was er getan hat? Was wird jetzt aus diesem Bösewicht, der nach einer Schrecksekunde wieder die Oberhand hat?

MM blickt sich um: Schaulustige, die mit dem Handy in der Hand nach Rache verlangen. Mit wutverzerrtem Gesicht wendet er sich dem Jungen zu. Packt ihn mit einer Hand am Hals, um ihm mit der anderen einen Kinnhaken zu versetzen. Weil er einen derartigen Angriff nicht so stehenlassen kann. Weil er die Zuschauer nicht enttäuschen darf.

Er hat die Faust schon zum Angriff erhoben, da kommt eine Lehrerin schreiend angelaufen.

»Was ist hier los?«, fragt sie und trennt die beiden Jungen.

»Nichts«, antwortet der eine.

»Nichts«, antwortet der andere.

Und so, mit einer aufgeschobenen Rauferei, endet eine Rache, die übel hätte ausgehen können. Denn was beide nicht wissen: In diesem Pausenbrot war zu viel Gift.

MM kehrt wutentbrannt in die Klasse zurück. Überlegt, wie er sich für den Vorfall rächen kann.

Der Tomatenjunge kehrt zitternd in die Klasse zurück. Ihm fällt ein Satz aus einem seiner Lieblings-Batman-Filme ein: *Entweder stirbst du als Held, oder du lebst lang genug, um dich selbst in den Bösewicht zu verwandeln.* Er weiß, dass er ein Held ist, weil er ein Leben gerettet hat, aber auch, dass er ein Bösewicht ist, weil er dasselbe Leben beinahe ausgelöscht hätte.

★★★

Von dem Tag an, als ich ihm das Leben gerettet habe, wurde alles noch schlimmer: immer mehr Schubser in den Fluren, mehr Beinstellen beim Betreten oder Verlassen des Klassenzimmers, mehr Dinge, die mir in den Rucksack gesteckt wurden ... Aber alles so unauffällig, dass angeblich niemand etwas mitbekam.

Dass im Unterricht alles Mögliche an meinem Rücken landete, daran hatte ich mich schon gewöhnt: zuerst nur Papierkugeln, Radiergummis, Kreidestücke, Spuckebatzen ... Aber dann waren es Dinge, die schon mehr weh taten: Bleistifte, Kulis, Anspitzer aus Metall, einmal ein kleiner Stein ... Das Problem ist, dass ich nie etwas dagegen unternommen habe. Ich habe mich nie gewehrt.

Am meisten gefiel es MM, mir vor anderen weh zu tun, damit alle über mich lachten. Dann fühlte er sich wichtig, mächtig.

Manchmal dachte ich, ich hätte alles verdient, weil ich so feige war.

Ich dachte, wenn ich stillhielt, wenn ich alles über mich ergehen ließ, hätte er mich irgendwann satt und würde mich in Ruhe lassen. Aber es nützte nichts, sondern ganz im Gegenteil.

Ich weiß noch, anfangs spielte sich alles in der Schule ab: im Klassenzimmer, in den Fluren, im Pausenhof ... Draußen, auf der Straße, hatten sie mir nie etwas getan, deswegen war ich total überrumpelt.

An diesem Tag kam ich mit Zaro und Kiri von der Schule. Zuerst verabschiedete ich mich von ihr mit einem Tschüs, ohne dass wir uns richtig ansahen, kurz darauf auch von Zaro.

Auf dem Heimweg schwiegen wir eigentlich immer, wir redeten nie darüber, was mir passierte. Bestimmt trauten sie sich nicht, das Thema anzusprechen, nicht dass sie mir weh taten, nicht dass ich mich schlecht fühlte. Und ich sagte lieber nichts, als würde etwas nicht existieren, wenn man nicht darüber sprach. Ich hatte schon genug darunter zu leiden, da wollte ich nachher nicht auch noch darüber reden.

An diesem Tag bog Zaro am Supermarkt nach Hause ab, ich lief weiter durch den Park. Und da überrumpelten sie mich.

Sie kamen hinter einem Baum hervor und kesselten mich ein. Ich hatte keine Zeit zu reagieren, rührte mich nicht. Plötzlich stand ich wehrlos vor ihnen. Bestimmt waren sie selbst überrascht, wie leicht es gewesen war, mich zu kriegen.

MM stellte sich vor mich und begann zu lachen, mich zu beleidigen, mich zu schubsen, während ein anderer mit dem Handy filmte. Ein Schubser, zwei, drei, vier ... bis ich zu Boden ging. Sie nahmen mir den Rucksack weg, leerten ihn aus und lachten sich schlapp, sonst nichts. Zu viele Leute um uns herum.

»Wir müssen es dir noch heimzahlen wegen der Sache mit dem Baguette«, sagte MM, während sie lachend davongingen.

★★★

Mitten in einem Park bückt sich ein Junge, um alles aufzusammeln, was andere auf den Boden geworfen haben: die Bücher, die Stifte, den Ordner, die Selbstachtung …

Er setzt sich den Rucksack wieder auf und blickt sich um, hofft, dass ihn niemand gesehen hat, denn die Scham schmerzt mehr als die Schläge. Es gibt aber sehr wohl Zeugen, viele sind in der Nähe vorbeigegangen, aber keiner ist ihm zu Hilfe gekommen, keiner hat ihn gefragt, wie es ihm geht. Alle haben einen Jungen beobachtet, dem die Selbstachtung geraubt wurde, aber niemand hat eingegriffen.

Und morgen geht's genauso weiter, denkt er.

Er schleppt sich bis vor sein Zuhause, aber statt reinzugehen, biegt er um die Ecke, geht zwei Querstraßen weiter, über einen kleinen Platz und durch eine Gasse, die an einem Mäuerchen endet.

Ein Blick nach rechts und links. Niemand da.

Er springt über das Mäuerchen und läuft in sein Versteck, seinen Schlupfwinkel, den er seit Jahren kennt, den er in letzter Zeit aber öfter denn je aufsucht.

Er stellt den Rucksack ab, setzt sich hin, allein, und wartet, bis sich die Augen an die Dunkelheit gewöhnt haben.

Hier kommt er schon seit mehreren Tagen her, seit der Sache mit dem Test. Es ist der einzige Ort, wo er ein bisschen zur Ruhe kommen kann. Und vor allem der einzige Ort, wo er sich abreagieren kann. Hier kann er heulen und schreien, so laut er will, hier kann er die ganze Wut ablassen. Allerdings nur im richtigen Moment. Er sieht auf die Uhr, ihm bleiben noch zehn Minuten. Er nimmt ein Stück Kreide und schreibt an die Wand. Eine ganz besondere Liste, die immer länger oder immer kürzer wird. Davon wird alles abhängen, sogar sein Leben.

Er wartet auf den richtigen Zeitpunkt.

Ein Blick auf die Uhr: nur noch zwei Minuten.

Er legt die Kreide weg, dreht sich um und geht ein paar Meter.

Und zehn endlose Sekunden lang schreit er, so laut er kann, bis ihm die Kehle brennt. Er schreit, bis ihm die Luft ausgeht.

Dann atmet er tief ein, geht langsam zu seiner Wand zurück und setzt sich neben seinen Rucksack. Es geht ihm schon besser. Er weiß, dass er sich auf irgendeine Weise abreagieren muss, damit der Körper nicht platzt, damit alles Unsichtbare in ihm irgendwie hinauskann.

Er nimmt den Rucksack, setzt ihn auf, springt wieder über das Mäuerchen und macht sich auf den Heimweg. Wenn er vor seinen Eltern da ist, wird er nicht sagen, wo er gewesen ist, und wenn sie schon zu Hause sind, muss er sich eine Lüge ausdenken: dass er in der Bibliothek oder im Park war, dass er mit Zaro gelernt hat …

An diesem Tag wird der Junge mit seiner Familie zu Abend essen und sich nichts anmerken lassen.

Vor dem Schlafengehen wird er seiner Mutter und seinem Vater einen Kuss geben und dann seine Schwester in die Arme nehmen. Die wird sich wie fast immer neben ihn legen, weil sie eine Geschichte hören will. Oder einfach nur, um nicht allein zu schlafen.

Im Bett wird er seiner Schwester die Abenteuer eines Jungen erzählen, der davon träumt, Superkräfte zu haben, sie aber noch nicht gefunden hat; im Schutz der Nacht wird er ihr von seinen täglichen Erlebnissen erzählen, aber verpackt in aufregende Abenteuer.

Wenn sie eingeschlafen ist, wird er sie in ihr kleines Bett tragen, und dann ist er wieder allein in einem Zimmer, das immer mehr nach Traurigkeit riecht.

Er wird sich hinlegen und an alles denken, was tagsüber passiert ist. Das Schreien hilft nur vorübergehend, das Schlimmste kommt immer erst nachts, wenn im stillen Haus der ganze Lärm aus seinem Körper drängt. Er wird den Kopf unters Kissen stecken – damit das Leid nicht zu hören ist – und den Tränen freien Lauf lassen.

Anschließend wird wie immer die Wut kommen, er wird gegen die Matratze boxen, sich die Fingernägel in die Arme krallen, sich beim Weinen am eigenen Rotz verschlucken … Bis er deprimiert daran denken wird, dass er morgen einen Literaturtest hat, für den er noch nichts gelernt hat.

Vom Bett aus blickt er zu den Büchern, sie liegen auf dem Schreibtisch, drei Meter entfernt, aber er hat nicht genug Kraft, um aufzustehen und sie zu holen.

★★★

Am nächsten Morgen schreckte ich aus dem Schlaf hoch: 7:03! Mir blieb grade mal eine gute Stunde, um das Buch zu nehmen und zu lernen. Ich schlug es auf und las im Eiltempo die Themen, die drankamen.

Ich lernte, bis meine Eltern weg waren, dann zog ich mich schnell an und ging ohne Frühstück aus dem Haus.

Ich kam in die Schule. Es passierte nichts, niemand legte sich mit mir an.

Es kam auch der Test, aber ich hatte nicht dafür lernen können und hatte keine Lust, irgendwas zu beantworten, und so schrieb ich fast nichts hin.

An diesem Freitag kam ich nach Hause, und kaum hatte ich die Tür zugemacht, ging's mir ein bisschen besser. Vor mir lagen zwei Tage ohne Schule, zwei Tage, um dasselbe zu tun wie die ganzen letzten Wochen: zu sagen, ich müsste viel lernen, und kein bisschen zu lernen.

In letzter Zeit las ich nur noch Comics, einen nach dem anderen, jeden Tag, stundenlang. Mein größter Wunsch war, mich in einen Superhelden zu verwandeln, irgendeine besondere Kraft zu erlangen, um MM zu erledigen.

Jeder Superheld hat ja seinen Gegenspieler, und ich hatte jetzt die Aufgabe, gegen meinen zu kämpfen. Das große Problem ist, dass ich zum Kämpfen null Talent hatte. Und dass ich noch keine Superkraft entwickelt hatte, mit der ich ihn besiegen konnte.

Was ich in diesem Moment nicht wusste: Es sollte nicht mehr lange dauern, bis es mir gelang, anderen Angst einzujagen. Nämlich in der Woche darauf.

Erst mal war Freitag, ich hatte das ganze Wochenende, um guter Dinge zu sein. Allerdings nur, wenn ich das Handy ausschaltete, wenn ich die sozialen Netzwerke ignorierte, wenn ich keine Mails las, wenn ich mit niemandem redete, wenn ich mich von allen fernhielt …

★★★

In einer kleinen Wohnung am Stadtrand hat sich eine Lehrerin schon darangemacht, die Tests zu korrigieren, die sie am selben Vormittag hat schreiben lassen. Sie hat am Sonntag etwas vor und will so weit wie möglich kommen, um die Arbeiten am Montag zurückzugeben.

Es ist elf Uhr abends an einem Freitag, mit zwanzig Tests ist sie schon durch und hat mindestens fünf Tassen Kaffee intus. Sie steht auf, dreht eine Runde durch die Wohnung, blickt aufs Handy und setzt sich wieder hin. Trinkt einen Schluck Kaffee und nimmt den nächsten Test.

Als sie keine zwei Minuten gelesen hat, merkt sie, dass etwas merkwürdig ist, dass etwas nicht stimmt. Sie erkennt die Schrift wieder, aber nicht den Inhalt, sie erkennt die Linienführung, die charakteristischen Schwünge des *S*, die dicht gedrängte, zugleich jedoch so gut lesbare Schrift … Aber sie erkennt nichts von dem wieder, was da steht. Denn da steht ganz wenig, und das ist nicht normal.

Nachdem sie die erste Aufgabe korrigiert hat, dreht sie das Blatt noch einmal um und liest den Namen: *Was ist da los?*, fragt sie sich.

Sie korrigiert weiter, aber es wird immer schlimmer.

Schließlich vergibt sie eine Note: vier Punkte, nicht bestanden.

Diese beiden Wörter, *nicht bestanden*, fallen ihr wie

ein Dachziegel auf den Kopf und, schlimmer noch, auf ihre Erinnerungen. Denn dieses *nicht bestanden* weckt den Drachen, der bis zu diesem Moment auf ihrem Rücken geschlummert hat. Ein Frösteln überläuft ihren Körper vom Po bis zum Hals. Sie erschauert.

Sie nimmt die Brille ab und steht erschrocken auf. Sie weiß: Der Drache wacht sehr selten auf, aber wenn, dann braucht er lange, bis er wieder einschläft. Zu lange.

Sie geht ins Bad, zieht das T-Shirt aus, macht auch den BH auf und dreht sich um.

Da ist er: Mit offenen Augen sieht er sie an, spuckt Narben aus Feuer, die ihr jetzt im Nacken brennen.

Sie schließt die Augen.

Schweigen.

Sie dreht sich um und geht so, halb nackt, ins Esszimmer. Nimmt den Test.

»Soll ich?«, fragt sie den Drachen.

»Ja«, antwortet er.

»Und wenn es rauskommt?«

»Es kommt nicht raus.«

»Und wenn doch?«

»Dann trag die Konsequenzen«, erwidert der Drache.

Da tut sie es.

Der Drache scheint sich zu beruhigen.

Sie geht wieder ins Bad und zieht den Schlafanzug an. Jetzt, da der Drache aufgewacht ist, wird er bestimmt dasselbe versuchen wie immer: die Kontrolle zu übernehmen.

Und das jagt ihr Angst ein.

★★★

DER WESPENJUNGE

Am Montag passierte etwas sehr Seltsames.

Die Lehrerin hatte die korrigierten Tests schon dabei und begann die Noten zu verkünden. Ich wollte meine gar nicht wissen, es würde das erste Mal sein, dass ich einen Test nicht bestanden hatte. Aber vielleicht konnte mir das helfen. Wenn ich den Test nicht bestanden hatte, würden mich die Monster in Ruhe lassen.

Die Lehrerin sagte die Noten von allen. Fast am Schluss kam meine dran.

»Neuneinhalb Punkte«, sagte die Lehrerin.

Neuneinhalb! Kann gar nicht sein, dachte ich. Von zehn Fragen hatte ich doch nur vier oder fünf richtig beantwortet. Ich konnte keine neuneinhalb Punkte bekommen haben …

Es ging mir den ganzen Vormittag durch den Kopf, wie seltsam diese Note war. Irgendwas war passiert.

Als die Schule aus war, machte ich mich allein mit Kiri auf den Nachhauseweg. Montags hatte Zaro Fußball und wurde von seinem Vater abgeholt.

Die Montage waren die Tage, an denen Kiri und ich Zeit für uns allein hatten. Mir war klar: Wenn ich sie irgendwann bitten wollte, meine Freundin zu sein, dann an einem Montag.

Kiri und ich nutzten die Montage immer, um über tausend Sachen zu reden, uns auf irgendeine harmlose Weise zu berühren: ein kurzes Streifen an der Hand, an der Schulter, ein längeres Lächeln als sonst … In letzter Zeit redeten wir aber fast nicht mehr, fast immer gingen wir schweigend nach Hause. Sie mit Blick auf ihr Handy und ich mit Blick auf den Boden.

An diesem Montag kamen wir an die Ecke mit der Brache, und ohne den Blick vom Handy zu heben, sagte sie tschüs und ging zu ihrem Haus. Das machte mir echt was aus. Die Fußtritte, die Schubser, die Spucke an meinem Rücken waren mir egal … Nichts tat mir so weh, als wenn wir auseinandergingen, als würden wir uns nicht kennen.

Ich blieb stehen. Beobachtete, wie sie davonging, hoffte, sie würde sich nach mir umdrehen, bevor sie das Haus betrat.

Sie tat es nicht.

★★★

Ein Mädchen, das auf ihr ausgeschaltetes Handy starrt, geht zu ihrem Hauseingang im Wissen, dass er sie beobachtet. In diesem Moment hätte sie gern genug Mut, um sich umzudrehen und zu ihm zu laufen.

Dann würde sie ihn ganz fest umarmen … und ihn ganz fest küssen …

Und ihm alles sagen, was sie empfindet …

Aber wie? Sie steht eine Weile da und starrt aufs Türschloss, seufzt, schiebt langsam den Schlüssel hinein … Wenn er wüsste, wie oft sie ihn heimlich beobachtet!

Sie ist kurz davor, den Kopf zu drehen, das würde schon reichen, ein kleiner Impuls, danach würde ihr ganzer Körper ihrem Herzen folgen: Ihre Beine würden von allein losgehen, loslaufen … Auch ihre Arme würden sich ausbreiten, um einen Körper aufzufangen, der Schiffbruch erlitten hat, ganz ohne Meer.

Aber sie traut sich nicht. Ihr Kopf dreht sich nicht, ihr Herz versteckt sich, und das ganze Mädchen geniert sich.

Sie schließt die Tür auf und geht langsam ins Haus, betritt es kaum und packt all die Worte weg, die sie nicht gesagt hat. Sie ahnt nicht, was gleich passieren wird.

★★★

Nachdem ich da gestanden und beobachtet hatte, wie sie durch ihre Haustür verschwand ... drehte ich mich um, weil ich die Straße überqueren wollte, und in dem Moment sah ich sie: zwei an der einen Ecke und MM an der gegenüberliegenden. Sie hatten gewartet, bis Kiri weg war, damit es keine Zeugen gab.

Ich blickte nach rechts und links: keine Möglichkeit zu flüchten, sie würden mich kriegen, egal welche Seite ich nahm. Ich dachte an die Brache, die hinter mir lag. Sie war groß, sehr groß. Kiri, Zaro und ich hatten da früher oft gespielt ... bis sie irgendwann eingezäunt wurde. Aber später, im Lauf der Jahre, waren mehrere Löcher aufgetaucht, sowohl in dem Zaun, den ich jetzt im Rücken hatte, wie auch in dem zur Straße am anderen Ende. Ich konnte hier rein, über die Brache rennen und drüben wieder raus.

Ich überlegte nicht lange, drehte mich um und stieg durch das nächstbeste Loch im Zaun.

Und rannte, so schnell ich konnte, zwischen dem Schrott und dem Gestrüpp hindurch, das überall wucherte, zum anderen Ende der Brache. Dort stieß ich auf etwas Unerwartetes.

Eine Mauer!

Wie lange waren wir nicht mehr hier drin gewesen? Mindestens zwei Jahre. Sie hatten den Zaun entfernt und eine Mauer gebaut!

Ich versteckte mich hinter einem hohen Gestrüpp vor der Mauer, in einer Ecke. Mir war klar, dass ich gerade in meine eigene Falle getappt war. Wenn sie mich hier fanden, konnten sie mit mir machen, was sie wollten, und niemand würde etwas mitkriegen.

Mir blieb nichts anderes übrig, als stillzuhalten und zu hoffen, dass sie mich nicht fanden.

Ich spähte hinaus. Sie waren schon am Zaun, direkt vor dem Loch, durch das ich reingekommen war.

★★★

Und dann stiegen sie durch.

Von meinem Busch aus konnte ich sie beobachten, sie hatten schon die Brache betreten, um mich zu suchen.

Während ich da in meinem Versteck hockte, stellte ich mir MM als Erwachsenen vor, keine Ahnung, warum. Wie würde er sein, was würde er tun? Ich stellte mir vor, wie er mehr Leute verprügelte: vielleicht seine Freundin, vielleicht seine Frau, wenn er heiratete, oder seine Kinder, wie er sie von klein auf jedes Mal schlug, wenn sie etwas taten, das ihm nicht passte.

Vielleicht wäre er in der Zukunft einer der Menschen, die in den Nachrichten auftauchen, weil sie Frau und Kinder umgebracht haben. In dem Moment dachte ich an Betty, seine jetzige Freundin, ich dachte auch an alle Mädchen in der Klasse, die ihn anhimmelten, bloß weil er attraktiv und groß und stark war ... obwohl sie wussten, dass er andere so gern schlug, schubste, rumkommandierte.

Da riss mich ein Geräusch aus meinen Gedanken: Sie kamen näher. Am Ende würden sie mich entdecken, so groß war die Brache nämlich nicht, und sie hatten schon gemerkt, dass es auf dieser Seite eine Mauer gab.

Ich sah mich nach etwas um, womit ich mich verteidigen konnte: einem Stein, einem Stock, ich hätte alles genommen, aber da war nichts, rein gar nichts … bis ich ein Geräusch hörte, das alles änderte.

★★★

Da brummte etwas und noch etwas und noch etwas … Als ich den Kopf in den Nacken legte, entdeckte ich, was es war: Wespen. Was dann passierte, daran waren meine blühende Phantasie, meine Angst und die Comics schuld.

Das Nest, aus dem die Wespen heraus- und hineinschwirrten, war groß genug, um die Hand durchzustecken. Da hatte ich die Idee: Wenn Spider-Man durch einen Spinnenbiss Superkräfte bekommen hatte, konnte mir vielleicht das Gleiche passieren, wenn mich eine Wespe stach. Vielleicht kriegte ich dann auch besondere Kräfte … und konnte zum Beispiel fliegen, so schnell durch die Luft schwirren wie ein Insekt, anderen mein Gift injizieren … Ich sah mich auch schon mit einem riesigen Stachel am Hintern, mit einer übermenschlichen Körperkraft, um diese Monster, die hinter mir her waren, plattzumachen.

Mich hatte noch nie eine Wespe gestochen. Ich dachte, es wäre wie ein Moskitostich, bloß vielleicht ein bisschen heftiger.

Gleich würden sie mich finden, ich musste mich beeilen … und ohne länger zu überlegen, richtete ich mich auf und steckte die Hand in das Wespennest.

★★★

Der erste Stich kommt gleich beim Reinstecken der Hand, es ist, als würde er mit einer glühenden Nadel gestochen. Sofort folgen der zweite und der dritte, und ab da verliert er den Überblick.

Er zieht die Hand blitzschnell zurück, doch die Wespen kommen hinterher und besetzen seine Hand, seinen Arm, sie schwirren ihm um den Kopf …

Er fühlt nur noch Schmerz, der hat sich im Nu im ganzen Körper ausgebreitet, am intensivsten an der rechten Hand. Die spürt er gar nicht mehr.

Schreiend rennt er hin und her, ohne zu wissen, was er machen soll, damit das aufhört.

Durch das Geschrei wird er von seinen Monstern entdeckt. Monstern, die wie gelähmt dastehen und gaffen. Sie greifen nicht ein, tun nichts, schauen nur zu.

Plötzlich eine unerwartete Wendung. Ein Junge, der nicht weiß, wie er die Schmerzen loswerden soll, reißt die Augen auf und sieht sie da vor sich stehen. Und rennt vor lauter Verzweiflung auf sie zu, um sie mit seiner rechten Hand zu schlagen, so stark er nur kann, um zu sehen, ob das wenigstens seinen eigenen Schmerz lindern kann.

Da flüchten sie durch dasselbe Loch im Zaun, durch das sie hereingeklettert sind. Der Wespenjunge folgt ihnen, bückt sich, steigt durch den Zaun und fällt auf den Gehweg. Und steht nicht mehr auf, aber bevor er ohnmächtig wird, kann er noch etwas sehen, das er auf die Liste in seinem geheimen Schlupfwinkel schreiben wird.

★★★

Ich war einen Tag lang im Krankenhaus zur Beobachtung, während mein Körper allmählich abschwoll. Es war ein seltsames Gefühl, meine Haut kam mir vor wie Pappe. Als ich die Finger einer Hand bewegte, schienen sie mit Klebstoff verkrustet zu sein. Die Attacke war so heftig gewesen, dass ich es fast nicht überlebt hätte. Zumindest hörte ich das den Arzt zu meiner Mutter sagen. Praktisch mein gesamter Körper war geschwollen.

Als ich mich zum ersten Mal im Spiegel sah, merkte ich, dass ich mich unwillkürlich in eine Art Hulk verwandelt hatte.

Die Ärzte erklärten mir, es wären gar nicht so viele Stiche gewesen, letztlich hätten sie nur fünf gefunden. Das Problem sei vielmehr, dass ich gegen Wespen allergisch bin.

Das hat jedenfalls der Arzt gesagt, trotzdem stand für mich fest: Nicht die Allergie hatte mich in eine Art Superjungen verwandelt, sondern das Gift hatte irgendwie meine DNA verändert. Von jetzt an würde mein Körper Verwandlungen durchmachen, er würde Superkräfte entwickeln. Und so war es auch, es dauerte bloß ziemlich lang, bis sie sich zeigten.

Als meine Eltern mich fragten, wie das passiert war,

dachte ich mir eine Geschichte aus, die ich nicht mal selbst glaubte: Ich wäre auf die Brache gegangen, um etwas zu suchen, hätte versehentlich die Hand da reingesteckt ... In letzter Zeit habe ich meine Eltern ständig angelogen ...

Ich würde die Monster mehrere Tage nicht sehen, und das stimmte mich froh. Was ich in diesem Moment nicht ahnte: Die Monster würden mich besuchen kommen, sie würden in mein Zuhause eindringen, in mein Zimmer, in mein Bett.

★★★

Was der Wespenjunge in diesem Moment nicht wusste: Während er schreiend vor Schmerz hin und her lief, filmte eines der Monster alles mit dem Handy.

Was er genauso wenig wusste: Während er mit Blaulicht ins Krankenhaus gefahren wurde, breitete sich dieses Video schon wie ein Virus von Handy zu Handy aus: WhatsApp, Facebook, Instagram, YouTube.

Tausende Menschen sahen einen mit Wespen bedeckten Jungen, der verzweifelt herumrannte und sie abzuschütteln versuchte. Ein Video, das man nicht zensieren kann, denn niemand hat etwas getan, es wurde keine Straftat begangen, es ist nur jemand, der leidet, in einer grotesken Situation zu sehen.

Ein Video, das nicht nur die Mitschüler des zukünftig unsichtbaren Jungen zum Lachen bringt, sondern auch viele Eltern, die es zu Hause sehen – mit ihren Kindern zusammen – und sich beim Anblick des kopflos herumrennenden Jungen das Lachen nicht verkneifen können …

Seltsam, dass niemand sich fragt – weder Kinder noch Erwachsene –, warum ihm während der Minute, die das Video dauert, niemand zu Hilfe kommt; dass niemand sich über die Tatsache wundert, dass es mindestens eine Person gibt, die ihm helfen könnte, nämlich die, die mit dem Handy filmt … Es ist seltsam und traurig, dass es in dieser Gesellschaft so viele Monster gibt, solche, die etwas tun, und solche, die zuschauen, solche, die lachen, und solche, die so ein Video aufnehmen …

Ein Video, das innerhalb von Sekunden ein ganzes Netz von Handys erreicht … bis es auf einem ganz besonderen Handy ankommt.

★★★

Auf einem Handy, das in einer Hand voller Armreifen zittert. Die Person lacht nicht, ganz im Gegenteil. Sie heult vor Wut, vor Ohnmacht, sie versinkt in dieser Art Schmerz, der einen nicht mehr loslässt, wenn jemandem, den man liebt, weh getan wurde.

Sie weiß genau, was passiert ist, sie weiß genau, wo dieses Video aufgenommen wurde, und vor allem weiß sie genau, wann das war …

Warum hat sie nicht kehrtgemacht?

Warum ist sie nicht zu ihm zurückgegangen?

Es sind so viele Warums, die man analysiert, wenn etwas schon geschehen ist. Wie weh es tut, sich Fragen zu stellen, wenn die Antworten zu spät kommen.

Sie weiß nicht, wie sie ihm helfen soll, wie sie ihm sagen soll, dass es ihr total leidtut … Darüber grübelt sie den ganzen Nachmittag nach, bis sie eine Idee hat.

★★★

Wieder in der Klasse

Nach fast einer Woche zu Hause kam der Tag, an dem ich wieder in die Schule musste. Ich versuchte ihn mit allen möglichen Lügen rauszuzögern, behauptete, es würde immer noch höllisch weh tun, mir würde beim Aufstehen schwindlig … Das brachte mir aber bloß unangenehme Fragen ein. So ging ich schließlich wieder hin.

Wobei ich niemandem Bescheid sagte, nicht mal Zaro oder Kiri. Ich lief ganz allein zur Schule. An diesem ersten Tag ging ich früher als sonst aus dem Haus und nahm einen anderen Weg, ich ging nicht durch den Park und auch nicht an der Brache vorbei. Fünfzig Meter vor der Schule versteckte ich mich hinter einem Garagentor. Von hier konnte ich alle sehen, ohne selbst gesehen zu werden.

Ich hörte das Klingeln und wartete, bis die Schüler alle drin waren. Als fast niemand mehr zu sehen war, rannte ich los und schlüpfte gerade noch rein, bevor das Schultor geschlossen wurde. Ich glaube, so schnell bin ich noch nie im Leben gerannt, das lag bestimmt an den Wespenstichen.

Drinnen rannte ich auch durch den Flur, drückte mich in eine Ecke zwischen zwei Schränken mit Schließfächern und wartete. Sobald der Lehrer die Klasse betrat, raste ich wieder los und quetschte mich eben noch hinter ihm rein, bevor er die Tür zumachte.

Als die ganze Klasse uns fast zusammen reinkommen sah, verstummten alle, als hätten sie ein Gespenst gesehen.

Ich setzte mich hin und sah Kiri an. Sie lächelte mir zu.

Am ersten Tag passierte nichts Besonderes: Ich bekam nichts an den Rücken geknallt, das belegte Baguette wurde mir nicht weggenommen, niemand schubste mich … Jedes Mal, wenn mir etwas Schlimmeres zustieß, ließen sie mich die nächsten drei oder vier Tage in Ruhe.

★★★

Ein Junge mit neuneinhalb Fingern hat einen Schreck bekommen, als er den Lehrer zusammen mit dem Wespenjungen hereinkommen sieht. Einen Moment lang hat er das Schlimmste angenommen: dass die Wespe alles erzählt hat, dass er jetzt dran ist. Aber nein, es ist nichts passiert. Erleichtert hat er beobachtet, wie sich der Junge auf seinen Platz gesetzt und der Lehrer mit dem Unterricht angefangen hat.

Trotzdem hat er sich vorgenommen, ihm heute nichts zu tun, er weiß ja nicht, ob der Kerl seinen Eltern, irgendeinem Lehrer oder der Rektorin etwas erzählt hat ... Womöglich haben sie ihn im Krankenhaus gefragt, was passiert ist, womöglich ist das Video bei irgendjemandem gelandet, der es besser nicht hätte sehen sollen ...

So sieht seine Taktik aus: zuschlagen und abwarten, und wenn es keine Konsequenzen gibt, dann stärker zuschlagen. Wie lange soll das so gehen? Das weiß nicht mal er selbst.

Im Grunde ist ihm gar nicht klar, warum er das tut: um die anderen zu beeindrucken, um den Status des Stärksten zu behalten, um zu kompensieren, wie schlecht er sich wegen des Sitzenbleibens fühlt, um zu kaschieren, wie neidisch er auf den Wespenjungen ist ...

Manchmal, wenn er allein in seinem Zimmer ist, stellt

er sich vor, wie er die besten Noten bekommt, eine bedeutende Entdeckung macht, etwas erfindet, das ihn berühmt macht … Je höher seine Vorstellungskraft fliegt, desto schmerzhafter ist die Landung in der Wirklichkeit. Er ist zwei Jahre älter als alle seine Mitschüler.

Und genau an diesem Punkt stürmen mehrere Gefühle auf ihn ein, mit denen er nicht umgehen kann: Wut, Hass, Neid, Jähzorn …

Mitten in diesem Aufruhr stellt er sich die Fragen, denen er immer aus dem Weg geht: Warum gibt ihm zu Hause niemand einen Kuss? Warum macht seine Mutter ohne Widerrede alles, was er sagt? Warum fragt ihn niemand, wie es ihm damit geht, nur neuneinhalb Finger zu haben? Warum sehen seine Eltern im Sommer, wenn er ohne T-Shirt durchs Haus läuft, nie die Narbe auf seiner Brust an, über dem Herzen? … Und vor allem, warum redet sein Vater nie mit ihm über das, was vor Jahren passiert ist?

Das tut ihm am meisten weh, schadet seinem Körper am meisten, der innen drin in Wirklichkeit noch ein Kind ist. Manchmal hasst er seinen Vater für das, was geschehen ist, aber dann wieder nicht, dann hasst er ihn nur dafür, wie es danach gelaufen ist. Warum hat er sich so von ihm zurückgezogen, warum setzen sie sich nie zusammen und reden, warum verreist er nie mit ihm, warum gehen sie nie ins Kino oder in ein Konzert, warum gehen sie nie zusammen essen, sie beide allein, und reden und sprechen aus, was sie beide mit sich herumtragen …

Was unser Junge mit den neuneinhalb Fingern nicht weiß: Wenn sein Vater derartig viele Stunden am Tag arbeitet, dann nicht nur, um Geld zu verdienen, sondern um sich nicht der Wirklichkeit stellen zu müssen. Wenn er nie mit ihm redet, wenn sie nirgendwo zusammen hingehen, dann weil er auch nicht weiß, wie er mit der Sache umgehen soll. Sein einziger Ausweg ist, möglichst viel zu arbeiten, möglichst viel Geld nach Hause zu bringen, damit sein Sohn möglichst viele Sachen hat. Natürlich bis auf die, die man nicht mit Geld kaufen kann ... Gemeinsame Zeit.

Das Problem ist, dass der Junge ausgerechnet wegen dieser fehlenden gemeinsamen Zeit aufs Bett und aufs Kopfkissen und alles eindrischt, was ihm über den Weg läuft ... manchmal sogar auf sich selbst.

★★★

Es verging noch ein Tag, an dem sie mir nichts taten, und noch einer ... aber ab dem dritten ging alles wieder los. Beim Reinkommen ins Klassenzimmer bekam ich ein Bein gestellt und fiel hin, zum Gelächter oder Schweigen der anderen – beides tat gleich weh. An einem anderen Tag ein Schubser im Flur, ein Faustschlag direkt beim Zurückkommen von der großen Pause, der Rucksack leer und der gesamte Inhalt auf dem Boden ...

Meine Hoffnung war, dass das Gift dieser Wespen Wirkung zeigen und mir irgendeine besondere Kraft verleihen würde, mit der ich meine Gegner besiegen könnte. Superstärke, Superschnelligkeit, Superaugen oder ein Supergehör, ein Superirgendwas ... Aber erst mal passierte gar nichts, und MM und seine Kumpel wurden immer brutaler.

Zum Beispiel bewarfen sie mich im Unterricht anfangs nur mit Kreidestücken, Radiergummis oder Papierkugeln, aber mit der Zeit wurden die Gegenstände immer größer. Ihr Ziel war, mich zum Schreien zu bringen. Den Gefallen wollte ich ihnen nicht tun, versuchte den Schmerz irgendwie auszuhalten, aber manchmal ging es einfach nicht. Zum Beispiel, als mich so ein Anspitzer aus Metall mit voller Wucht traf, so dass ich dachte, sie hätten mir ein Messer in den Rücken gerammt. Ein andermal schleuderten sie einen Stein nach mir, von dem ich tagelang aufgeschürfte Haut hatte. Bis dahin hatten die Lehrer nie etwas mitbekommen, aber dann passierte es.

Es war in der Englischstunde, wir hatten gerade angefangen, und auf einmal traf mich eine Papierkugel am Rücken.

Gekicher von allen anderen Monstern und Schweigen.

Noch eine Kugel. Mehr Gekicher und auch mehr Schweigen.

Dann etwas Härteres, ein Stück Kreide, fast auf der Höhe des Halses, das tat schon ein bisschen mehr weh.

Wieder Gekicher. Und noch mehr Kreidestücke, viele Kreidestücke.

Nach wenigen Minuten …

»Aaaua!«, schrie ich, und zwar laut.

Etwas stach mich so heftig in den Rücken, dass ich kurz dachte, es wäre ein Dart. Und als würde er immer noch drinstecken, so weh tat es.

»Was ist da los?«, fragte der Lehrer.

Niemand sagte etwas. Schweigen.

Da schrieb er weiter an die Tafel.

Neben mir lag ein Kuli aus Metall auf dem Boden; bestimmt hatte der sich mir in den Rücken gebohrt.

Ich glaube, genau in dem Moment fühlte ich zum ersten Mal das Gift der Wespen. Es passierte nämlich etwas, das ich nicht unter Kontrolle hatte.

Ich bückte mich langsam, nahm den Kuli, drehte mich um und schleuderte ihn mit aller Kraft auf MM.

Etwas in mir hatte sich verändert, ich hatte mich getraut, mich zur Wehr zu setzen, und das kam nicht von mir, das kam von den Wespen.

Das Problem ist, dass MM dem Kuli auswich und er das Mädchen traf, das hinter ihm sitzt: Betty, seine Freundin.

»Au, au, au!«, schrie sie übertrieben laut.

Der Lehrer unterbrach den Unterricht und kam auf uns zu.

Betty sagte ihm, ohne zu zögern, dass ich einen Kuli nach ihr geworfen hatte.

In Wirklichkeit hatte er sie an der Schulter getroffen und ihr nicht weh getan, wobei das auch gar nicht meine Absicht gewesen war.

Der Lehrer tat, was er immer tat. »Jetzt lasst das mal bleiben«, sagte er, ging wieder zur Tafel und schrieb weiter.

Ich saß da mit Wut im ganzen Körper, ballte die Fäuste und versuchte mich zu beruhigen. Und merkte, wie ich wieder rot anlief.

»Tomate, Tomate!«, war von hinten zu hören, dazu Gekicher von allen Monstern, die es in der Klasse gab.

»Supertomate!« Und mehr Gekicher.

So ging der Unterricht weiter, bis sich Kiri nach ein paar Minuten meldete.

»Ja, Kiri, was ist?«, fragte der Lehrer.

»Er hat Blut am Rücken.«

»Wer denn? Wer hat Blut am Rücken?«, fragte der Lehrer alarmiert, während er zu Kiri ging.

»Er«, sagte sie.

Dieser Er war ich.

★★★

Der Lehrer sagte, ich solle ins Krankenzimmer gehen, aber das machte ich nicht, ich wollte nicht, dass jemand meinen Rücken sah. Im Krankenhaus, nach der Wespenattacke, hätten sie es beinahe entdeckt. Ein Glück, dass mein ganzer Körper geschwollen war und sie sich hauptsächlich um die Hand und den Arm kümmerten.

Deswegen ging ich, sobald ich das Klassenzimmer verlassen hatte, zur Toilette und versuchte, mich selbst zu verarzten.

Ich machte die Tür auf, ging rein, zog das Hemd aus, drehte mich um und tat etwas, das ich schon viele Tage lang zu vermeiden versuchte: mir den Rücken im Spiegel anzusehen.

Mir kamen die Tränen.

★★★

Ein Junge mit neuneinhalb Fingern ist verstummt, als der Wespenjunge ins Krankenzimmer geschickt wird. Er weiß nicht, was man ihn fragen und was er antworten wird. Er hat Angst, so wie jedes Mal, wenn er denkt, dass er vielleicht verraten wird.

Er sucht nur einen Vorwand, um den Wespenjungen noch mehr zu quälen, dabei hat er im Grunde nichts gegen ihn, er hat ihm nichts getan, aber er braucht die Schwäche eines anderen, um seine eigene Stärke zu beweisen, genau wie das Feuer immer mehr Wald verbrennen muss, damit es nicht erlischt.

Dazu kommt noch, dass die anderen dankbar lachen, dass manche ihn sogar anfeuern, dass die ganze Klasse hinter ihm steht, dass er sich von den anderen abhebt.

Er weiß auch, dass er in der Schule irgendwie geschützt ist. Die Lehrer sagen nichts, die Rektorin hat ihn noch nie zu sich bestellt, und beim Betreten und Verlassen der Schule sieht kein Elternteil etwas, alle sind mit sich selbst und ihren Kindern beschäftigt.

Trotzdem wird er ein paar Tage verstreichen lassen, bevor er wieder zuschlägt, schließlich kann man nicht wissen, ob der Idiot was verraten hat.

Früher oder später muss er sich aber rächen. Der Kerl

hat es gewagt, einen Kuli nach ihm zu werfen, nach ihm, vor allen anderen, und so etwas darf er nicht dulden. Außerdem hat er Betty getroffen, und das darf er auch nicht dulden. Der Einzige, der seine Freundin schlagen darf, ist er selbst.

Jetzt muss er bloß einen unbeobachteten Moment abpassen, um es ihm heimzuzahlen. Er wird ihn nicht aus den Augen lassen, und sobald er ihn allein erwischt …

★★★

Der Spiegel ist der einzige Zeuge der Ereignisse; der Einzige, der nicht lügt, der sich nicht verstellt, der ihm die Wirklichkeit zeigt, auch wenn es weh tut: ein Sternbild aus schwarzen Pünktchen auf einem Rücken, der als heller Himmel dient. Obwohl sich die Pünktchen vor langer Zeit gebildet haben, leuchten sie jetzt. Einige werden im Lauf der Tage verschwinden, andere werden unauslöschliche Male hinterlassen, und zwar nicht nur auf seinem Körper.

Jetzt entdeckt er beim Betrachten der Sterne im Kosmos seines Rückens einen neuen Planeten, einen blutroten, der in der Unendlichkeit der Ohnmacht hervorsticht.

Er weiß noch nicht, was er im Sommer tun wird, wenn alle diese Male zu sehen sind und jemand ihn fragt, warum in einem so jungen Sternbild so viele schwarze Löcher gähnen …

★★★

Als die Schule aus war, gingen Kiri, Zaro und ich zusammen nach Hause.

In den ersten Minuten redete keiner, dann fragte Kiri: »Warum sagst du denn nichts? Warum hast du heute nichts gesagt?«

»Lass mal«, erwiderte ich.

»Nein, ich will es nicht lassen!«, schrie sie mich an. »Warum bist du so?«

»Wie denn?«

»So ...«

Ich merkte, dass sie das Wort nicht über die Lippen brachte. »So feige?«, fragte ich.

»Ja!«, schrie sie mich an.

»Lass mich in Ruhe!«, schrie ich zurück. »Lasst mich alle beide in Ruhe! Ihr könnt mich mal!«

Jetzt brach die Gewalt aus mir heraus, die ich gegenüber MM nicht rauslassen konnte. Ich kehrte ihnen den Rücken und nahm einen anderen Weg nach Hause.

Das tat mir weh, viel mehr als die Verletzung am Rücken, als die Schubser in den Fluren, als das Beinstellen im Klassenzimmer, als die Spucke, die im Unterricht an meinem Rücken landete ... Es tat mir furchtbar weh, dass Kiri so etwas von mir dachte. Selbst wenn es wahr war.

Als ich nach Hause kam, nutzte ich aus, dass meine Eltern noch nicht da waren, holte Alkohol und Gaze, um die Wunde zu desinfizieren, und stopfte mein T-Shirt tief unter die andere Schmutzwäsche, damit niemand Verdacht schöpfte. Dann sah ich auf die Uhr. Es war noch früh.

Ich lief zu meinem geheimen Schlupfwinkel, dem einzigen Ort, wo mich niemand störte. Irgendwie musste ich meine ganze Traurigkeit loswerden.

Sobald ich da war, sah ich auf die Uhr: Es blieben noch fünfzehn Minuten. Ich holte die Kreide aus dem Versteck und schrieb weitere Namen auf die Liste.

Als die Zeit um war, ging ich ein paar Schritte, stellte mich an dieselbe Stelle wie immer und machte mich bereit. Zehn, neun, acht, sieben ... Dann begann ich zu schreien, so laut ich konnte. Als ich fertig war, fühlte ich mich richtig gut, von dem ganzen Hass, dem Groll, der Wut war nichts mehr da.

An dem Tag kam ich zu spät nach Hause, meine Eltern waren schon da. Ich sei in der Bibliothek gewesen und hätte mir ein paar Bücher angesehen, sagte ich. Dass ich am Rücken verletzt war, sagte ich nicht.

Auch nicht, als ich meine Schwester huckepack nahm. Auch nicht beim Abendessen und auch nicht, als ich gefragt wurde, wie mein Tag gewesen war.

Als Luna an diesem Abend zu mir ins Bett schlüpfte, erzählte ich ihr die Geschichte vom Jungen, der ein Universum auf dem Rücken hatte.

★★★

Am nächsten Morgen fand ich beim Aufwachen zehn neue Nachrichten auf dem Handy vor, alle zehn gleich:
Du wolltest mich mit dem Kulli treffen, außerdem hast du meine Freundin weh getan. Das zahl ich dir heim.

MM hielt sein Versprechen, das tat er immer. Nicht am nächsten Tag und auch nicht am übernächsten. Aber bald würde es so weit sein. Hoffentlich waren meine Superkräfte eher da als seine Rache.

Aber nein, er kam zuerst.

Und das Schlimmste von allem: Ich war selber schuld. Ich machte den Fehler, allein zur Toilette zu gehen.

Seit ich nur noch mit Angst in die Schule ging, seit sie mich beleidigten, schlugen, meinen Rucksack auskippten, mich anspuckten ... befolgte ich eine Reihe von Regeln, um mich vor ihnen zu schützen.

Eine dieser Regeln lautete: weniger schlau sein, weniger gute Noten in den Tests bekommen, mich im Unterricht nicht melden, wenn der Lehrer etwas fragte, das ich wusste; eine andere: niemals etwas von Wert mit in die Schule nehmen; und die wichtigste von allen: nie irgendwo alleine hingehen, vor allem nicht zur Toilette. Um diese letzte Regel einzuhalten, war es sehr wichtig zu pinkeln, kurz bevor ich morgens aus dem Haus ging, und den ganzen Tag nichts zu trinken, keinen Tropfen. Auch wenn ich umkam vor Durst, auch wenn mein Mund so trocken war, dass mir die Zunge am Gaumen klebte – Hauptsache, ich war nie allein auf der Toilette.

Trotzdem kam es vor, dass ich mich nicht unter Kontrolle hatte. In dem Fall wartete ich immer, bis jemand anderes aufs Klo musste, bevor ich reinging.

Aber an diesem Tag war es heiß, viel heißer als sonst, und ich hatte getrunken. Wahr ist auch, dass MM mich mehrere Tage in Ruhe gelassen hatte und ich mich schon darauf verließ. Und um es noch komplizierter zu machen: An diesem Tag hatte ich mir für die große Pause Obst eingepackt. Es kam also alles zusammen. Ich wartete und wartete, bis es klingelte und MM und seine Kumpel ins Klassenzimmer gingen. Diesen Moment nutzte ich, um aufs Klo zu rennen, sonst würde ich mir in die Hose machen.

Ich riss die Tür zu den Toiletten auf, riss die Tür zu einer Kabine auf, ließ im Eiltempo die Hose runter und begann zu pinkeln.

Als ich fast fertig war, hörte ich die Tür zum Flur aufgehen, dann Stille. Und Schritte, die drinnen blieben.

An diesem Tag fand ich zwei Dinge heraus: dass es Monster wirklich gibt, und Superkräfte auch.

★★★

Hastig zog ich die Hose hoch und rührte mich nicht. Die Zeit arbeitete für mich. Je länger ich hier war, desto eher würde der Lehrer uns vermissen und uns suchen kommen. Ich hatte nicht vor aufzumachen.

Aber plötzlich klopfte es an die Tür.

»Los, komm raus, wir wissen, dass du dadrin bist!«

Ich gab keinen Mucks von mir.

»Mach auf, Tomate, komm raus, für das mit dem Kuli gibt's noch Rache! Los, zeig dich!«

Zittern überfiel mich. Ich ging nicht raus, wollte nicht rausgehen.

»Auf dem Klo gefällt's dir offenbar, aber irgendwann musst du rauskommen, freiwillig oder mit Gewalt.«

Stille.

Sie redeten nicht mehr, nur Getuschel war zu hören, dann plötzlich ein dumpfer Schlag, der jetzt auch die Tür zittern ließ. Es wurde ernst: Der Fußtritt war so stark gewesen, dass der Türriegel tanzte.

Mehr als zwei oder drei solche Fußtritte würde diese Tür nicht aushalten. Es folgte der nächste, noch einer und dann noch ein stärkerer, so dass sich der Riegel löste und mir die Tür an die Beine knallte.

»Bist du fertig?«, fragte MM und sah zur Kloschüssel. »Ja, er ist fertig, aber seht mal, er hat nicht gespült, und das gehört sich nicht. Er braucht eine Lektion, damit er es lernt.«

Was dann kam, erzähle ich lieber nicht. Ich sage nur, dass ich da eine der Superkräfte entdeckte, die mir die Wespen verliehen hatten.

★★★

Während auf der Schultoilette drei Jungen gegen einen antreten, hat der Unterricht bereits begonnen. Mit vier leeren Plätzen.

»Und wo sind die vier?«, fragt der Lehrer.

Niemand antwortet, auch wenn sich in Wirklichkeit alle denken können, was sich gerade abspielt.

»Tja, es fehlen also vier Schüler, und keiner weiß etwas, na schön ... Fangen wir an.«

Zaro ist drauf und dran, sich zu melden, dass er mal muss. Aber – überlegt er sofort – was macht er, wenn er zu den Klos kommt und sieht, wie MM seinen Freund verprügelt? Nichts wird er tun, gar nichts, denn er hat ebenfalls Angst, große Angst, dass alles, was seinem Freund passiert, dann auch ihm passieren könnte. Und wenn man in so einer Situation Freundschaft und Angst gegeneinander abwägt, wiegt die Angst schwerer.

Der Lehrer vergisst die vier Abwesenden und macht mit seinem Stoff weiter. In seinem Fach, Geschichte, hat sich nicht allzu viel verändert, also macht er mit denselben Unterlagen weiter, mit denen er vor Jahrzehnten angefangen hat. Er nimmt sie in die Hand, liest sie durch und schreibt etwas an die Tafel.

Er denkt auch an die Schüler, die fehlen, er kennt sie

und weiß, dass drei von ihnen miteinander befreundet sind, aber der andere, tja ... Er schreibt weiter. Bald geht er in Ruhestand, da will man sich keinen Ärger einhandeln.

So vergehen die Minuten, bis es plötzlich klopft und drei Schüler reinkommen.

»Wo wart ihr denn?«, fragt der Lehrer.

»Auf Toilette«, antworten sie.

»Alle gleichzeitig?«

»Ja, klar.«

»Und was ist mit dem, der fehlt?«

»Ich glaub, der hängt noch an der Kloschüssel«, sagt MM, ohne sich das Grinsen zu verkneifen, »vielleicht ist ihm was schlecht bekommen.«

Sobald sich der Lehrer wieder der Tafel zuwendet, blickt sich MM in der Klasse um. Manche sehen ihn ebenfalls grinsend an. Das ist der wahre Treibstoff seines Lebens, das Einzige, was ihn im Alltag auf Touren bringt.

★★★

Was sich in dieser Klasse abspielt, unterscheidet sich vielleicht gar nicht so sehr von dem, was im Rest der Welt geschieht. Denn genau wie im wirklichen Leben gibt es unter den Mitschülern des Wespenjungen genauso viele Monster wie Opfer.

In der dritten Reihe sitzt zum Beispiel ein Blondschopf, der lieber lacht und ein Monster ist, als zu protestieren und zum Opfer zu werden. Einem anderen geht es genauso, er spielt nicht mit, sondern hält sich möglichst raus. Und so hat jeder Einzelne von ihnen seine Gründe fürs Monstersein, hauptsächlich, um nicht Opfer zu werden.

Alle können zwischen Gut und Böse, Spaß und Demütigung, Spiel und Mobbing unterscheiden. Aber keiner weiß, wie man MM stoppen soll, ohne sich selbst zu schaden.

Und genau so eine Atmosphäre der Angst ist der Nährboden für Menschen wie MM. Da kann er seine ganze Macht ausüben, er weiß nämlich: Solange es noch mehr Monster gibt, geht alles gut. Ein echtes Problem kriegt er erst, wenn die Mehrheit nicht mehr hinter ihm steht, aber das wird nicht passieren.

Unterdessen ist ein Mädchen mit hundert Armreifen drauf und dran, sich zu melden, dass es mal muss. Ihr Herz will die Hand heben, aber ihr Kopf lässt sie nicht, es ist ein innerer Kampf zwischen ihrer Vernunft und ihren Gefühlen.

Was sagen die anderen? Das ist so wichtig in diesem Alter, in dem alles aufgebauscht wird, in dem noch das blödeste Thema von der Gruppe, der Masse durchgekaut wird. Das ist einer der Gründe, warum sie nie den Schritt gewagt hat, mit dem Tomatenjungen zusammen zu sein.

Dabei sieht sie ihn an, jeden Tag, in jeder Unterrichtsstunde, immer wenn er es nicht mitbekommt, sie beobachtet ihn von weitem, seufzt bei jeder Bewegung, fühlt bei jeder Attacke mit, empfindet jede Beschämung, als wäre es ihre eigene. Und wenn sie bei ihm ist, ganz nah, sehnt sie sich so sehr nach ihm.

Ich mache mich total von der Meinung der anderen abhängig, wie bescheuert ist das denn ..., denkt sie, während sie eine Zeichnung beendet, auf der eine Pistole auf zwei Initialen gerichtet ist, *MM*. So reagiert sie Tag für Tag ihren Hass ab.

Und plötzlich, während ihre Hand damit beschäftigt ist, eine Kugel zu zeichnen, die direkt auf das erste *M* zufliegt, steht ihr Körper auf. Das ging nicht von ihrem Verstand aus, da ist sie sicher, sondern ihr Herz hat ausgenutzt, dass er abgelenkt war, und eigenständig gehandelt.

Da steht sie nun, mitten in der Klasse, wie der Affe, der aus der Reihe tanzt, wie das schwarze Schaf, das sich von der Herde entfernt, wie die Nixe, die bei Ebbe gestrandet ist ... Sichtbar, sichtbarer denn je.

»Ja, Kiri?«, fragt der Lehrer.

»Darf ich zur Toilette?«

»Jetzt?«

»Ja, jetzt, ich hab meine Tage …«, erwidert sie und erreicht damit, dass mehrere ihrer Mitschüler grinsen.

»Na schön, aber beeil dich.«

Und Kiri verlässt die Klasse.

★★★

An diesem Tag entdeckte ich eine meiner Superkräfte: dass ich lange unter Wasser atmen konnte. Das kam von den Wespenstichen, jede Wette. All das hätte ich nie und nimmer ausgehalten, wenn ich nicht eine Superkraft in mir gehabt hätte. Ganz klar, der Vorfall hatte mich stärker gemacht, ich war nicht mehr der Alte, etwas in mir hatte sich verändert.

Daran dachte ich, während ich mir ewig das Gesicht wusch und mir das Haar mit dem Handtrockner in der Toilette zu föhnen versuchte. Ich brauchte über eine halbe Stunde, bis Haare und T-Shirt trocken waren, wobei ich es nicht schaffte, den Pissegeruch ganz wegzukriegen.

Während ich die Klamotten unter den Trockner hielt, fiel mir auf, dass mich niemand suchen gekommen war, nicht mal der Lehrer, niemand.

Hätte ich in diesem Moment einen Feuerblitz gehabt, hätte ich ihn gegen alle eingesetzt, ich hätte ihn auf MM geschleudert, aber auch auf alle, die ihm zuliebe mitlachten, auf alle meine Mitschüler, auf die Lehrer, auf alle Monster, die tatenlos zusahen.

Ich war also gerade dabei, meine ganze Beschämung wegzuföhnen, da kam *sie* plötzlich rein.

★★★

In dieser Schultoilette prallt die Liebe auf die Scham, die Lust zu umarmen auf die Lust wegzulaufen, die Traurigkeit einer Zuschauerin auf die Demütigung der Hauptfigur.

Es gibt Situationen im Leben, da bleibt mit einem Schlag die Welt stehen. Selbst wenn noch so viel Zeit vergeht, wird es uns immer so vorkommen, als wäre es gerade eben passiert, als wäre unsere Erinnerung ganz frisch.

Und an dieser Stelle lässt der Erzähler die restliche Seite lieber leer. Denn wie soll man mit Worten beschreiben, was beide in der Sekunde empfinden, als sie sich in die Augen sehen.

★★★

Am selben Vormittag, als ein Junge aus der Schultoilette flüchtet, um sich irgendwo im Gebäude zu verstecken, geht eine Lehrerin zum Büro der Rektorin.

»Darf ich reinkommen?«, fragt sie, während sie langsam die Tür öffnet.

»Ja, ja, klar, komm rein«, erwidert die Rektorin.

»Hör mal ... ich wollte gern etwas mit dir besprechen, das Thema ist ein bisschen heikel ...«

»Nur zu, nur zu ...«

»Ich glaube, es gibt einen Schüler, der gemobbt wird ...«, sagt sie.

Die Rektorin legt den Kugelschreiber aus der Hand, lehnt sich in ihrem Sessel zurück und sieht sie verwundert an.

»Hier bei uns? Nein, das glaube ich nicht.«

»Doch, doch, hier ...«, gibt sie schüchtern zurück. »Ich beobachte seit einiger Zeit das Verhalten eines Schülers. Irgendwas stimmt da nicht. Ich glaube, drei andere machen ihm das Leben zur Hölle.«

»Und seit wann geht das so?«

»Seit wann weiß ich nicht, vielleicht ein paar Wochen, vielleicht länger.«

»Aber welche Beweise hast du?«, fragt die Rektorin, während sie nervös in ihrem Sessel hin- und herrutscht.

»Tja, im Grunde viele, schon seit einiger Zeit bedrängen sie ihn in der großen Pause, nehmen ihm das Pausenbrot weg, bewerfen ihn im Unterricht mit allem Möglichen ... Außerdem haben seine schulischen Leistungen stark nachgelassen.«

»Nun ja«, erwidert die Rektorin erleichtert, »vielleicht sollte man dem nicht so viel Beachtung schenken, vielleicht sind es nur harmlose Kinderspiele ...«

Und genau diese beiden Wörter, *harmlose Kinderspiele*, wecken den Drachen aus seinem Schlummer. Einen Drachen, der nicht vergessen kann, was vor vielen Jahren der Person passiert ist, auf deren Rücken er jetzt lebt. Damals waren es ebenfalls *harmlose Kinderspiele*, bis solche *harmlosen Kinderspiele* aus dem Ruder laufen und alles böse endet.

»Nein, es sind keine harmlosen Kinderspiele«, erwidert die Lehrerin, während sie den Schmerz zu ertragen versucht, den die Bewegungen des Drachen ihr bereiten.

»Doch, es sind ganz bestimmt nur Dummheiten. Auf jeden Fall keine Sorge, ich kümmere mich darum.«

»Aber ... das ist alles, sonst nichts?«

»Was willst du denn noch? Ich hab doch gesagt, ich kümmere mich darum, auch wenn es bestimmt bloß Dummheiten sind. Kinder streiten sich ständig und regeln am Ende alles untereinander.«

Ein Schmerz läuft der Lehrerin über den Rücken: Es ist der Drache, der sich selbständig machen will, der fliegen und den Kopf der Rektorin verschlingen will.

Tief atmen, Kontrolle, Kontrolle, redet sie sich gut zu ... Sie weiß, dass sie jetzt keine weiteren Beweise hat, dass sie angesichts einer Rektorin, der es nur auf den guten Ruf der Einrichtung ankommt, nichts weiter tun kann. Ein Fall von Mobbing wäre ein Schmutzfleck auf der Schule, Grund genug, dass manche Eltern Fragen stellen würden, und Geld ist Geld. Deshalb kehrt man manches lieber unter den Teppich.

Lehrerin und Drache verlassen das Büro in Richtung Toilette, Erstere mit total steifem Rücken, Zweiterer unruhig, unaufhörlich in Bewegung.

»Was wirst du tun?«, fragt der Drache.

»Irgendwas, ich weiß noch nicht, aber irgendwas …«

»Das will ich hoffen.«

»Ja …«, bekräftigt sie, während sie sich an alles erinnert, was vor vielen Jahren in ihrer Schule passiert ist, als ein Spaß sehr, sehr schlecht ausgegangen ist. *Harmlose Kinderspiele*, die sich auf ihrem Rücken verewigt haben.

★★★

Nachdem Kiri aufgetaucht war und mich mit diesen Augen angesehen hatte, die genauso flackerten wie meine, rannte ich raus in den Flur, suchte einen Ort, wo ich mich verstecken konnte. Ich wollte nicht wieder ins Klassenzimmer. Ich würde warten, bis der Unterricht zu Ende war, und dann, wenn fast alle weg wären, würde ich meinen Rucksack holen und von diesem verfluchten Ort abhauen.

Es klingelte, und von meinem Versteck aus beobachtete ich, wie sich alle auf den Heimweg machten, lachten, spielten, sich neckten ... Alle außer mir.

Ich wartete, bis die Luft rein war, und lief in unser Klassenzimmer. Da war bloß noch mein Rucksack, lag offen auf dem Boden, mit einem kaputten Träger. Bestimmt hatten sie wieder was reingestopft. Ich machte ihn zu, packte ihn mit einer Hand und ging langsam raus. Es war niemand mehr da.

Im Flur fiel mir plötzlich auf, was alles an den Wänden war: Wandbilder voller Symbole für Frieden, Eintracht und Liebe in der Welt. Plakate, die zur Solidarität zwischen den Menschen aufriefen, zum gemeinsamen Handeln, um die Welt besser zu machen ... Es gab sogar einen Wunschbaum, an den alle Schüler zu Beginn des neuen Schuljahres eine Botschaft gehängt hatten: Alle Kriege sollen enden, es soll keine Gewalt mehr geben, alle Menschen sollen gleich sein ...

Als ich an diesem Tag nach Hause kam, ging ich unter die Dusche, dann leerte ich den Rucksack auf meinem Bett aus, und ja, da war etwas für mich.

Ich nahm den Hausschlüssel und lief zu meinem geheimen Schlupfwinkel, dem Ort, wo mich nie jemand störte.

Dort ergänzte ich meine Liste um mehrere neue Zeilen. Bei der Gelegenheit klebte ich auch mehrere Papierblätter an die Wand, und zwar mit Spezialkleber.

An diesem Tag war mein Bedürfnis zu schreien sehr groß, viel größer als sonst.

Ich sah auf die Uhr: zwei Minuten!

Ich stellte mich an die richtige Stelle und wartete.

Dann schrie ich und schrie und schrie, bis mein Körper nicht mehr schreien konnte.

Nach der Sache in der Schultoilette hatte ich zwei oder drei Tage Ruhe. Nach jeder Attacke gab es eine Pause, gerade lange genug, damit MM herausfinden konnte, ob es Konsequenzen gab oder nicht.

Und genauso war es diesmal auch.

In der nächsten Woche war seine Angst verflogen. Er kapierte, dass ich niemandem von der Verletzung am Rücken und der Sache in der Schultoilette erzählt hatte, und dann ging es wieder los mit den Schubsern, den Beleidigungen, dem Beinstellen ... und weil es mir immer weniger ausmachte, musste er sich immer neue Gemeinheiten ausdenken.

★★★

Über viele Wochen hinweg hat sich das Leben eines Jungen extrem verändert: Er erinnert sich schon nicht mehr daran, wann er morgens zum letzten Mal ohne Angst aufgestanden ist, wann er die Straße entlanggegangen ist, ohne sich ständig umzudrehen, wann er sich zum letzten Mal mit irgendeinem Mitschüler unterhalten hat ...

Jetzt schnappt er sich den Rucksack, sobald es nach der letzten Stunde klingelt, und versucht schleunigst abzuhauen. Er rennt über den Schulhof, ohne dass jemand an diesem Verhalten etwas seltsam findet: weder die Lehrer noch die Rektorin noch die anderen Schüler, nicht einmal die Angehörigen anderer Schüler, denen er hin und wieder über den Weg läuft, sobald das Schultor geöffnet wird.

Jeden Tag rennt er und rennt und rennt ... in der Hoffnung, schnellstmöglich nach Hause zu kommen, die Tür zuzumachen und die Ängste für ein paar Stunden auszusperren.

Morgens beim Aufwachen dagegen hat er es nicht so eilig. Da sucht er immer eine Ausrede, um nicht in den Unterricht gehen zu müssen, aber keine funktioniert. Er sucht auch in seinen Comics irgendeine Superkraft, um die Zeit anzuhalten, damit es morgens nicht hell wird oder damit ein Sonntag nie zu Ende geht.

Er spielt auch häufig mit dem Gedanken, einfach zu Hause zu bleiben und nicht in die Schule zu gehen, aber das würde nichts bringen. Am nächsten Tag würden seine Eltern einen Anruf bekommen und er müsste zu viele Fragen beantworten.

Und jeden Tag weiß er: Sobald er das Schulgebäude erreicht, wird es losgehen mit den Beleidigungen, den Schubsern, dem Gelächter … und zwar fast immer vor Zuschauern.

Er weiß auch: Sobald er sich an sein Pult setzt, werden sie ihm Gegenstände an den Rücken werfen. Schon seit einiger Zeit versucht er ihnen nicht mal mehr auszuweichen, denn sein Rücken ist übersät mit Schürfwunden, so dass er kaum mehr etwas spürt. Er stellt sich vor, dass ihm wie den Ninja Turtles ein Panzer gewachsen ist.

Wenn er im Unterricht seinen Gedanken nachhängt, denkt er oft an die Superhelden in den Abenteuern seiner Comics. Sobald einer von ihnen in Lebensgefahr ist, kommt immer jemand und hilft ihm. Die Fantastischen Vier bilden ein Team; die X-Men unterstützen sich gegenseitig; es gibt eine Gerechtigkeitsliga, die man anrufen kann, wenn eins ihrer Mitglieder in Gefahr ist; sogar Batman hat Robin. Aber er, wen hat er?

Was der zukünftig unsichtbare Junge noch nicht weiß: Sein Robin kommt bald. Schon am nächsten Tag.

★★★

An diesem Tag blieb nur noch eine Unterrichtsstunde, noch fünfundvierzig Minuten, dann konnte ich nach Hause gehen.

Als die Spanischlehrerin reinkam, sagte sie wie immer, wir sollten das Buch aufschlagen, das wir gerade durchnahmen. Kaum schrieb sie ein paar Sätze an die Tafel, da traf mich das erste Stück Kreide. Es landete oben an meiner Schulter, fast am Nacken, und fiel auf den Boden.

Die Lehrerin drehte sich um. Ich glaube, sie konnte noch sehen, wie die Kreide über den Boden rollte. Sie beobachtete sie, drehte sich wieder um und schrieb weiter.

Wieder wurde ein Stück Kreide nach mir geworfen. Diesmal wich ich aus, und es prallte an die Rückenlehne des Mitschülers vor mir. Die Lehrerin drehte sich wieder um und starrte auf den Boden. So stand sie lange da, ohne etwas zu sagen, ohne etwas zu tun. Ganz merkwürdig.

Wieder wandte sie sich ab und schrieb an die Tafel.

Eine Weile ging der Unterricht weiter, ohne dass etwas passierte, bis MM noch drei Stücke Kreide nach mir warf: Eins traf mich am Rücken in der Mitte, eins an einer Seite, dem letzten konnte ich ausweichen. Gleich darauf hörte ich, wie er sich zum Spucken bereitmachte. Ich wurde nervös, wusste nicht, was ich tun sollte, um es nicht abzukriegen, wusste nicht, wann er losspucken würde. Es dauerte eine Weile, vermutlich sammelte er die Spucke im Mund und passte den idealen Moment ab.

Dann kam der Spuckebatzen und blieb an meinem Rücken kleben, unter der Schulter. Zum Ausweichen blieb keine Zeit.

Im selben Moment hörte die Lehrerin auf zu schreiben, krümmte sich leicht zusammen und legte sich die Hände in den Nacken, als hätte sie plötzlich unerträgliche Schmerzen.

Und dann passierte etwas, das noch nie einer von uns in der Schule erlebt hatte.

★★★

Heute ist der Drache seit Beginn der Unterrichtsstunde wach geblieben und hat alles beobachtet, was hinter dem Rücken der Lehrerin passiert ist. Er hat das erste Stück Kreide gesehen, das zweite ... und alle anderen ... aber gerührt hat er sich erst in dem Moment, als der Spuckebatzen den Wespenjungen getroffen hat.

Und das tut weh am Rücken einer Lehrerin, die schon seit vielen Tagen – seit sie die Note für den Test geändert hat – beobachtet, was in den Fluren, im Schulhof, im Klassenzimmer vor sich geht ...

In jeder einzelnen dieser Situationen hat sie den Drachen bis jetzt unter Kontrolle halten, ihn beschwichtigen können; ihr logisches Denken hat gesiegt, hat sie dazu gebracht, das Thema im Kollegium zu besprechen ...

Nur dumm, dass niemand etwas unternommen hat: Die Rektorin hält lieber die Füße still, bis das Problem vielleicht von allein verschwindet; der Englischlehrer hat nichts gesehen; der Geschichtslehrer geht bald in Ruhestand ... Die Hauptsache ist letztlich, den guten Ruf der Schule zu wahren.

Außerdem hat sie nicht gerade viele Beweise: ein nicht bestandener Test, den er am Ende doch bestanden hat, ein paar Schubser, die niemand bemerkt hat, ein paar Beleidigungen, die niemand gehört hat, ein paar Gegenstände an seinem Rücken, die keiner in der Klasse gesehen hat …

Deshalb, weil sie mit dem logischen Denken – dem friedlichen – nicht weiterkommt, lässt sich der Drache, der in letzter Zeit ständig unruhig ist, immer schwerer unter Kontrolle halten.

Und jetzt, wo sie sich vorstellt, wie sich ein Junge fühlen muss, dem gerade an den Rücken gespuckt wurde, gibt sie sich endlich geschlagen. Lässt das Tier handeln.

Deshalb stellt sie sich aufrecht hin, legt die Kreide langsam an der Tafel ab und geht durch eine Klasse, die in Schweigen verfallen ist, auf den Wespenjungen zu.

Sie betrachtet seinen Rücken: ein schwarzes Hemd mit weißen Stellen überall da, wo ihn die Kreide getroffen hat. Und an einer Seite ein heller Fleck, noch mit Schaum, ein Zeichen der Demütigung eines Menschen durch einen anderen, ein Zeichen, das dazu führt, dass der Drache die Führung übernimmt.

Der Drache ist es, der MM mit beiden Händen am Hals packt und ihn hochhebt. Und so, fast im Flug, schleift er ihn aus der Klasse. Und knallt laut die Tür hinter sich zu.

★★★

Jetzt, in einem leeren Flur ohne Zeugen, wird es einen Kampf geben. Nicht zwischen der Lehrerin und MM, sondern zwischen dem Drachen und ihr selbst. Beide wissen, dass ihre Zukunft an der Schule davon abhängt, wer in diesem Moment die Oberhand behält.

Der Drache sagt, sie soll ihn an die Wand drängen und ihm so lange den Hals zudrücken, bis er keine Luft mehr kriegt, sie soll ihm Feuer ins Gesicht spucken, ihn kratzen, bis ihm die Haut in Fetzen vom Leib hängt ...

Sie weiß, dass sie das jetzt tun könnte, sie muss sogar zugeben, dass sie es gern tun würde ... und trotzdem versucht sie, die Rache, die sie auf dem Rücken tätowiert trägt, zu beschwichtigen.

»Was wirst du tun?«, fragt der Drache.

»Weiß ich auch nicht!«, schreit sie.

»Dann stelle ich die Frage anders«, sagt ein Drache, der sich jetzt frei bewegt, auf und ab über die vielen Narben auf ihrem Rücken. »Was würdest du gern tun?«

»Das weißt du doch! Du weißt genau, was ich gern tun würde!«, sagt sie mit tränenerstickter Stimme.

»Dann tu's doch, erwürg ihn, bring ihn auf der Stelle um.«

»Das geht nicht, ich würde es gern tun, aber es geht

nicht ...«, erwidert eine Lehrerin, die sich vor Schmerz windet, deren Rücken brennt wie seit Jahren nicht mehr.

»Erwürg ihn!«, faucht der Drache sie zornig an.

»Nein, das kann ich nicht machen!«

»Warum denn nicht? Warum kannst du das nicht machen?! So eine Gelegenheit hast du damals nicht gehabt. Wie oft hast du dich gefragt, warum niemand etwas unternommen hat, warum niemand es rechtzeitig gestoppt hat? Wenn jemand eingegriffen hätte, hättest du heute nicht diese Narben am Rücken. Willst du, dass es diesem Jungen genauso ergeht?«

»Nein! Natürlich will ich das nicht!«, sagt sie aufgebracht, während sie jemandem, der gelähmt vor Angst an der Wand steht, die Kehle noch fester zudrückt.

»Dann tu's, schaff das Problem aus dem Weg.«

»Tut mir leid ... das kann ich nicht machen«, sagt sie und lässt MMs Kehle los.

»Wieso denn?! Warum kannst du das nicht machen?!«, brüllt sie ein Drache an, der sich auf ihrem Rücken dreht und windet, der mit dem Schwanz auf ihre Narben peitscht.

»Weil ich nicht aus Hass gemacht bin, ich bin nicht wie du!«, brüllt sie zurück, während sie die Hände vors Gesicht schlägt und in Tränen ausbricht.

»Noch nicht ...«, raunt ihr ein Drache zu, der wieder an seinen Platz zurückkehrt, der Maul und Augen schließt.

Die Lehrerin weiß nicht, was sie jetzt mit einem Schüler machen soll, der zitternd vor ihr steht.

★★★

MM hat gerade den seltsamsten Angriff seines Lebens erlebt. Ein paar Sekunden lang hatte er richtig übel Angst, nicht vor der Gewalt, sondern vor dem Wahnsinn.

Klar, er hätte sie angreifen können, er hätte sich wehren können, aber etwas in ihren Augen hat ihn gelähmt. Als er diese Augen aus der Nähe gesehen hat, ganz dicht vor sich, ist ihm aufgefallen, dass sie mehr aussehen wie die eines Raubtiers als die eines Menschen.

So gelähmt hat er beobachtet, wie die Lehrerin mit sich selbst geredet hat, wie sie darüber diskutiert hat, was sie mit ihm machen soll. Bis sie ihn schließlich losgelassen hat.

Als sich dann alles beruhigt hat, ist er noch einen Moment da an der Wand stehen geblieben, zitternd, ohne zu wissen, was er tun sollte.

»Komm mit, wir gehen zur Rektorin«, hat sie zu ihm gesagt.

Und beide sind zu ihrem Büro gegangen.

Er weiß, dass sein Vater alles regeln wird, denn er hat Geld, und mit Geld lässt sich alles regeln. Zumindest hat er das zu Hause beigebracht bekommen.

In einem Zuhause, wo es kaum Zärtlichkeiten gibt, keine Umarmungen, keine Küsse, kein Lob, keine aufmunternden Worte ... wo es dafür jedoch Geld gibt und alle Annehmlichkeiten, die das mit sich bringt.

Wer will schon eine Umarmung, wenn er die teuerste Kleidung tragen kann? Wer will einen Kuss, wenn er sich alles kaufen kann, was er will? Wer braucht diesen Quatsch?, fragt sich ein Junge, der noch weiß, dass es nicht immer so gewesen ist, dass vor der Sache mit dem Finger alles anders war, besser, viel besser.

★★★

So etwas hatten wir in der Schule noch nie erlebt. Sobald die Lehrerin MM gepackt und die Tür zugeknallt hatte, verfiel die ganze Klasse in Schweigen. Minutenlang sahen wir einander an, ohne einen Ton zu sagen.

MM und die Lehrerin kamen an diesem Vormittag nicht mehr in den Unterricht zurück.

Und ab da hat im Spanischunterricht nie mehr jemand etwas nach mir geworfen. Kein einziges Mal.

Am Ende stimmt es wohl doch, was mein Vater sagt: dass Gewalt manchmal nur mit Gewalt zu stoppen ist, dass wir Menschen nun mal so sind.

★★★

In den nächsten Tagen kursierten viele Gerüchte darüber, was sich im Flur zwischen MM und der Lehrerin abgespielt hatte, aber wirklich wissen konnte es natürlich niemand. Und obwohl wir alle mitbekommen hatten, was im Unterricht passiert war, behielten wir es für uns. Wir wussten, dass die Lehrerin entlassen werden konnte, dabei mochten wir alle ihren Unterricht.

Nach diesem Vorfall hatte ich mindestens eine Woche lang meine Ruhe. Ich dachte, sie hätten endlich genug, aber nein, sobald MM keine Angst mehr hatte, ging es wieder los. Wobei er jetzt anders vorging, nicht mehr so direkt.

Er begann mir zu drohen: per Handy, per E-Mail, in den sozialen Netzwerken, und bekam es auch hin, dass ich aus allen WhatsApp-Gruppen flog. Er hatte seine Methode ein bisschen geändert: Er schlug mich nicht mehr so oft – manchmal schon noch –, er nahm mir nicht mehr jeden Tag das Pausenbrot weg – nur gelegentlich – und bewarf mich im Unterricht nicht mehr so oft – aber auch noch, nur im Spanischunterricht nicht, klar –; er schaffte es aber, mich immer mehr von meinen Mitschülern zu isolieren.

Im Pausenhof stellte sich niemand mehr zu mir, keiner machte irgendwelche Projekte mit mir, praktisch den ganzen Tag über redete niemand mit mir.

Dann war da auch noch das Thema der Superkräfte, die nicht kamen. Ich dachte, die Wespenattacke würde alles ändern, aber bis jetzt tat sich nichts.

Bis jetzt … Denn wenige Tage später passierte mir das, worauf ich so lange gewartet hatte. Endlich!

★★★

An einem der Tage, als ich allein von der Schule nach Hause ging – wobei, ehrlich gesagt ging ich mittlerweile jeden Tag allein nach Hause –, hörte ich im Park hinter mir Stimmen, die ich sofort erkannte.

Ich drehte mich um. Sie standen etwa hundert Meter von mir entfernt. Und wie immer, wenn ich sie sah, kriegte ich das Zittern, ich hatte Angst vor ihnen. Normal wäre es zwar gewesen, schnell wegzulaufen, aber ich hatte das Flüchten satt. So setzte ich mich auf eine Bank und wartete auf sie.

Aus der Ferne achtete ich auf ihre Gesichter und merkte, dass ich sie überrascht hatte, das hatten sie nicht erwartet, vermutlich dachten sie, ich würde ihnen die Stirn bieten, dabei stimmte das gar nicht, in Wahrheit hatte ich bloß keine Lust, noch länger davonzulaufen. Ich beobachtete, wie sie langsam näher kamen.

Fünfzig Meter, vierzig, dreißig … das schätzte ich zumindest. Als sie schon so nah waren, dass ich die Wut in ihren Gesichtern erkennen konnte, schloss ich die Augen.

Ich presste die Lider ganz fest zusammen und wünschte mir mit aller Kraft, von hier verschwinden zu können. Ich machte mich rund, hielt mir schützend die Arme über den Kopf und wartete auf einen Schlag, der nie kam.

Nichts.

Stille.

Nach ein paar Sekunden öffnete ich die Augen, und da passierte etwas Unglaubliches.

★★★

In dem Moment gingen sie etwa zehn Meter entfernt an mir vorbei und sahen suchend in alle Richtungen, nur nicht dahin, wo ich war. Zuerst kapierte ich gar nichts.

Sie gingen vorbei, als wäre ich nicht da, als ob … als ob sie mich nicht sehen könnten!

Ich betrachtete meine Hände, meine Arme, dann meine Füße … Ich sah mich natürlich schon, aber das hieß ja nicht, dass mich die anderen auch sehen konnten. Vielleicht hatte das Gift gewirkt, vielleicht hatte ich es endlich geschafft, unsichtbar zu werden.

Während sie davongingen, sahen sie ab und zu über die Schulter in meine Richtung, taten aber nichts, kamen nicht auf mich zu, zeigten mir nicht den Mittelfinger, schrien mich nicht an … Sie sahen mich weiterhin nicht.

Sobald sie auf einem der Hauptwege des Parks verschwunden waren, sprang ich auf und rannte nach Hause.

Sie hatten mich nicht gesehen! Endlich hatte ich meine Superkraft gefunden, endlich war der ganze Stress zu etwas gut gewesen: Ich konnte unsichtbar sein! Jetzt musste ich nur noch konsequent üben, damit ich auf Kommando verschwinden konnte, damit ich meine Superkraft gezielt einsetzen konnte.

Zu Hause stürmte ich in mein Zimmer hoch und warf

mich aufs Bett. Das war einer der glücklichsten Momente meines Lebens.

Ich träumte davon, was ich mit dieser neuen Superkraft alles machen konnte, wie alles besser werden würde … Und plötzlich ging mir etwas durch den Kopf, das mein Leben komplett umkrempeln sollte.

★★★

Was, wenn es nicht das erste Mal war, dass ich unsichtbar war? Wenn ich mich in den letzten Tagen und Wochen schon viele Male unsichtbar gemacht hatte, ohne es zu merken?

»Na klar!«, schrie ich. Das erklärte alles, das erklärte, dass die Leute mir nie halfen, dass nie jemand etwas sah, dass nie jemand etwas für mich tat ... Na klar, ich war ja unsichtbar!

Das war der Grund dafür, dass jedes Mal, wenn ich davonraste und MM und seine Kumpel mir auf der Straße nachrannten, die Leute nur die anderen sahen. Bestimmt sahen sie nur ein paar Jungs, die einfach so die Straße entlangrannten, sonst nichts. Deswegen half mir nie jemand.

Das war der Grund dafür, dass niemand etwas sagte, wenn ich nach Schulschluss als Erster durchs Tor rannte und die Angehörigen anrempelte, sie merkten nur, dass irgendwas gegen sie prallte, wunderten sich, taten aber nichts.

Das war der Grund dafür, dass kein Mitschüler mir half und kein Lehrer MM und seine Kumpel bestrafte, wenn sie mich in den Fluren schlugen, wenn sie mir in der großen Pause das Brot wegnahmen oder mich zu Boden stießen … Na klar! Bestimmt konnten sich mich gar nicht sehen!

Das erklärte alles: Es erklärte, dass mir nie jemand half. So schlecht konnten die Menschen nicht sein, unmöglich, es musste einen Grund geben, warum nie jemand sah, was ich durchmachte.

An diesem Nachmittag auf meinem Bett war ich auf einmal glücklich, sehr glücklich.

★★★

Der Tag bricht an für einen Jungen, der endlich versteht, wie man sich die dunkle Seite des Menschen erklären kann: Er ist unsichtbar.

Deswegen hat zu Hause keiner gemerkt, dass in seinem Körper keine Freude mehr ist, dass in seinem Gesicht nur noch gezwungen gelächelt wird, dass seine Augen fast immer ins Leere blicken. Deswegen ist ihnen nicht aufgefallen, dass er sich auf einem Stuhl nie anlehnt; und dass immer mehr Brot übrig bleibt, weil sein Pausenbrot immer kleiner wird.

Draußen, auf der Straße, im Leben, sieht niemand einen Jungen, der morgens langsam aus dem Haus geht, aber nachmittags zurückgerannt kommt und die Tür schnell zuwirft, damit seine Ängste alle draußen bleiben; niemand sieht einen Jungen, der hinter einem Baum oder einem Garagentor wartet und erst in letzter Minute durchs Schultor rennt, bevor es sich schließt. Und niemand bemerkt die Kreideflecken, die im Lauf des Vormittags meist auf seinem Rücken auftauchen.

Ihn sieht kein Vater, kein Schüler, nicht der Hausmeister, nicht mal der Polizist, der an der Kreuzung gegenüber den Verkehr regelt. Keiner sieht den Jungen, der die Schule als Letzter betritt und als Erster verlässt.

Den Jungen, der das Gehen verlernt hat, weil er nur noch rennt: Vor und nach der großen Pause und zwischen den Unterrichtsstunden rennt er durch die Flure, nach Schulschluss über den Hof und durch die Straßen nach Hause …

Keiner sieht den Jungen, der es endlich geschafft hat, unsichtbar zu werden.

Was er noch nicht weiß: Das war nicht sein Verdienst, in Wirklichkeit hat er es allen anderen zu verdanken, allen um ihn herum.

★★★

In der Zwischenzeit hat eine Lehrerin mehrmals ein Büro aufgesucht, das sie nicht betreten darf. Sie hat es heimlich getan, auf der Suche nach etwas, das den Drachen beschwichtigt.

Nachdem sie in Schubladen und Schränken gewühlt und sogar im Rechner gesucht hat, ist sie endlich fündig geworden: eine Vorgeschichte, zu der sie eigentlich gar keinen Zugang haben sollte.

Sie hat noch andere Quellen genutzt, bis sie endlich das Entscheidende in Erfahrung gebracht hat. Sie hatte nichts gewusst von seiner Operation, dass er ein Jahr lang praktisch nicht zur Schule gegangen ist, und natürlich war ihr nicht aufgefallen, dass ihm ein halber Finger fehlt.

★★★

In der folgenden Woche geschah im Spanischunterricht etwas sehr Seltsames. Die Lehrerin kam wortlos herein, griff nach einem Stück Kreide und schrieb mit den größten Buchstaben, die wir je gesehen hatten, ein Wort, das die gesamte Tafel einnahm.

★★★

FEIGLING

Sie drehte sich um, legte die Kreide weg und blieb vorne stehen, vor uns allen.

»Ich habe mir überlegt, dass wir ab heute immer die ersten Minuten des Unterrichts darauf verwenden, ein Wort zu analysieren. Wir fangen mit dem hier an: *Feigling*.«

Wir waren alle überrascht, keiner sagte was.

»Wir wollen es im Lexikon nachschlagen. Hier steht es, die erste Definition von *Feigling* ist: *Mensch ohne den Mut oder die Verfassung, um gefährliche oder riskante Situationen zu meistern.* Und dann ist da noch eine: *Jemand, der aus Mangel an Mut heimlich Schaden anrichtet oder zufügt.* Also, wer traut sich, einen Satz mit diesem Wort zu bilden? Fang du an«, sagte sie zu einem Mädchen, das in der ersten Reihe sitzt, »sag mir einen Satz.«

»Also ... ähm ... Er war ein Feigling, weil er sich nicht traute, in die Achterbahn zu steigen.«

»Gut, in Ordnung, das ist ein Satz, der zur Bedeutung des Wortes passt. Und weiß jemand, was das Antonym von Feigling ist? Ihr wisst alle, was ein Antonym ist, oder?« Gekicher. »Los geht's, wer sagt's mir?«

»Mutig«, rief einer meiner Mitschüler.

»Perfekt«, erwiderte die Lehrerin. »Und ein Satz mit dem Wort *mutig*?«

»Er war mutig, weil er in die Achterbahn gestiegen ist«, sagte ein anderer. Großes Gelächter.

»Ja, ja, immer den einfachsten Weg ...«, gab sie zurück. »Passt mal auf, Sprache ist manchmal nicht eindeutig. Oft kennen wir den Unterschied zwischen zwei Wörtern nicht genau, zum Beispiel zwischen *mutig* und *Feigling*. Deshalb ist der Zusammenhang immer so wichtig, alles kommt auf den Kontext an. Stellen wir uns zum Beispiel einen großen, starken Krieger vor, der sein Leben lang für den Kampf trainiert hat. Er bekommt die Möglichkeit, einen Drachen zu töten, der ein Dorf in Angst und Schrecken versetzt. Wenn er es tut, würden wir vermutlich alle sagen, dass er mutig ist, oder?«

In der Klasse war ein allgemeines *Ja* zu hören.

»Aber stellen wir uns mal vor, dass dieser Krieger beim Anblick des Drachen Angst bekommt und schnell wegläuft. An irgendjemandem muss er seine Stärke aber unter Beweis stellen, deshalb will er mit einem schwächeren Gegner kämpfen. Zum Beispiel mit einem Eichhörnchen.«

Da war ein *Oh!* in der Klasse zu hören.

»Dann würde er uns schon nicht mehr so mutig vorkommen, richtig?«

Auf diese Frage antwortete niemand. Vermutlich weil wir alle wussten, wer mit dem Krieger gemeint war.

»Tja, die Welt ist voller Krieger, das Problem ist bloß, dass es sehr wenige mutige Menschen gibt, Feiglinge dagegen überall: auf der Straße, bei der Arbeit, in der Schule, wir könnten sogar hier in dieser Klasse welche finden.« Und nachdem die Lehrerin das gesagt hatte, wechselte sie das Thema. »Na schön, jetzt machen wir mit unserem Buch weiter. Auf welcher Seite waren wir?«

Alle schlugen das Buch auf, ohne ein Wort zu sagen, auch wenn wir alle wussten, wer der feige Krieger und wer das Eichhörnchen war. Seit ein paar Tagen wussten wir auch, wer der Drache war.

★★★

MM bleibt stumm, er weiß: Auch wenn ihn niemand anzusehen wagt, denken jetzt alle an ihn, an den feigen Krieger, der das Eichhörnchen angreift.

Wütend betrachtet er den Rücken dieser Lehrerin, die ihn vor allen lächerlich macht. Heute trägt sie eine Bluse, die hinten offen ist und unter der der Kopf eines Drachen hervorlugt. Und dieser Drache beobachtet ihn unablässig.

Jetzt nimmt er jemanden mehrere Reihen vor sich ins Visier: das Eichhörnchen. *Ich soll feige sein? Wenn ich dich packe, werden wir schon sehen, wer der Feigling ist,* sagt er sich.

Die Sache im Park neulich hat nicht geklappt, aber ihm bleiben noch viele Tage, unendlich viele, um es weiter zu versuchen. Um zu erreichen, dass dieses Eichhörnchen klein wird. Unsichtbar.

★★★

Kiri hört sich die Geschichte aufmerksam an und zeichnet in ihr Heft den Kampf zwischen einem kleinen Krieger und einem riesigen Eichhörnchen, das ihn zu fressen versucht. Momentan kann sie nur mit ihren Zeichnungen gegen MM kämpfen.

In jeder Unterrichtsstunde sieht sie den Wespenjungen an und fragt sich, wo alles ist, was sie verloren haben: warum sie sich nie mehr verabreden, warum sie sich nicht mehr unterhalten, warum sie nicht mal mehr per Handy in Kontakt sind ...

Manchmal bewegt sie stumm den Mund, formt mit den Lippen unhörbare Worte und stellt sich vor, sie würden irgendwie bis zu diesem Jungen durchdringen, der immer mehr verschwindet ... *Wenn du wüsstest, wie sehr ich dich heimlich liebe!*

Sie kann ihn nur noch im Unterricht sehen, wenn er auf seinem Platz sitzt und ins Leere starrt, gar nicht richtig da ist. Nachher, in der großen Pause oder bei Schulschluss, kommt es ihr vor, als würde sich ihr Freund zwischen den anderen verflüchtigen.

Niemand achtet auf ihn, es sieht ihn auch keiner richtig an, niemand merkt, dass da ein Leben immer mehr erlischt.

Immerhin versucht jetzt jemand etwas zu unternehmen, immerhin tut diese Lehrerin, was sie kann, aber sie selbst? Was tut sie? Das ist die Frage, die sie immer dazu bringt, beschämt den Blick abzuwenden, die es schafft, dass all ihre Armreifen verstummen.

★★★

Diese Geschichte war auf mich gemünzt, es war klar, wer das Eichhörnchen und wer der Krieger war. Was mir nicht so klar war: ob mir das helfen würde oder nicht.

Aber das war gar nicht der Punkt, jetzt hatte ich ja meine Superkraft und musste sie nur noch trainieren. Ich übte den ganzen Tag, und je mehr ich übte, desto besser bekam ich es hin. Ich konnte immer länger und vor immer mehr Leuten unsichtbar sein.

Noch zwei Mal ist mir dasselbe passiert wie im Park. Es lief ungefähr genauso: Sie kamen auf mich zu, und ich rührte mich nicht. Ich schloss die Augen, konzentrierte mich, und als ich die Augen wieder aufmachte, waren sie vorbeigegangen.

In der Schule wurde auch alles besser, zum Beispiel drückte ich mich in der großen Pause in eine Ecke und schaffte es, diese halbe Stunde lang zu verschwinden.

Inzwischen hatte ich mich schon daran gewöhnt, mich sorglos durch die Straßen zu bewegen. Sobald ich aus der Schule kam, schlüpfte ich in eine nahe Garage, dort kauerte ich mich zusammen, konzentrierte mich maximal und kam unsichtbar wieder raus. Niemand würde mich belästigen, bis ich zu Hause war.

Trotzdem gab es manchmal Aussetzer, nicht immer ging

alles glatt, deshalb begann ich meine Mitschüler genauer zu beobachten. Ich wollte herausfinden, wer mich sehen konnte und wer nicht. Mir schwante, dass es mit meiner Superkraft etwas Seltsames auf sich hatte, ich war nämlich nicht für alle gleichzeitig unsichtbar: Manche konnten mich sehen, andere nicht. Und ich musste herausfinden, aus welchem Grund mich diejenigen, die mich verprügeln wollten, manchmal sahen, und die anderen, die mir hätten helfen können, es fast nie taten.

Einer dieser Aussetzer passierte an einem Tag im Park. Ich hatte mich so auf meine Superkraft verlassen, dass ich nicht merkte, wie mir jemand folgte.

★★★

Während ich auf dem Hauptweg durch den Park lief, kam jemand von hinten näher. Zuerst maß ich dem keine Bedeutung bei, schließlich wussten die Leute nicht, dass ich da war, sie konnten mich ja nicht sehen.

Ich hatte inzwischen noch eine weitere besondere Kraft: die Gegenwart von Leuten zu spüren, ohne sie zu sehen. Durch die ganzen Angriffe hatte ich diese Superkraft entwickelt.

Aber an diesem Tag legte mir dieser Jemand die Hand auf die Schulter. Mein Herz begann sehr stark und sehr schnell zu klopfen.

Sekundenlang wusste ich nicht, was ich tun sollte. Schließlich drehte ich mich um.

Und da stand sie vor mir und sah mir in die Augen.

»Hast du kurz Zeit?«, fragte sie.

»Ja, ja …« Ich kriegte das Zittern. »Was ist denn?«

»Es dauert nicht lange, lass uns zu der Bank da gehen.«

»Okay …«

★★★

Und hier, ungestört auf einer Parkbank, wird ein seltsames Duo eines der wichtigsten Gespräche seines Lebens führen.

Wichtig für ihn, weil er zum ersten Mal mit jemand anderem als seiner kleinen Schwester über seine Ängste sprechen wird, wichtig für sie, weil sie schon viel zu lange niemandem mehr von ihren eigenen Ängsten erzählt hat.

Nach den ersten Minuten, in denen keiner von beiden etwas zu sagen wagt, tauchen nach und nach die Worte auf, zusammen mit den Gefühlen, immer weiter öffnen sie ihre Gedanken und wenig später auch ihre Herzen, denn dort findet sich in Wirklichkeit alles, was sie sich zu sagen haben.

Nach einer Weile, nachdem sie das nötige Vertrauen gefasst haben, nachdem sie über belanglose Themen gesprochen haben, traut er sich, etwas zu fragen, das ihm schon viel zu lange im Kopf herumgeht:

»Warum haben Sie mir eine falsche Note gegeben?«

»Ich?«, fragt sie verwundert zurück. »Nein, ich habe dir keine falsche Note gegeben, sondern genau die richtige. Nur nicht für deine Antworten. Du hast den Test auf andere Weise abgelegt.«

Er bleibt stumm, weiß nicht, was er sagen soll.

»Hör mal ...«, setzt sie behutsam wieder an. »Ich weiß, wie du dich fühlst, was du durchmachst ...«

»Das wissen Sie?«, fragt er überrascht zurück. »Woher denn? Wie können Sie das wissen?«

»Weil mir dasselbe passiert ist«, antwortet sie.

Da verändert sich der Gesichtsausdruck des Jungen, und seine Lippen biegen sich zu einem Lächeln.

»Haben Sie es auch geschafft, unsichtbar zu werden?«

★★★

»Was?«, erwidert eine Lehrerin verwundert, die die Frage nicht versteht.

»Ja, hatten Sie auch diese Superkraft?«

»Superkraft?«

»Ja, so wie meine.«

Und während ein Junge voller Freude mit einer Erklärung loslegt, die mehrere Minuten dauert, ist da eine Frau, deren Körper mehr und mehr aufweicht, als wäre er aus Papier und in ihr drinnen würde es in Strömen regnen.

Sie hört zu und hört zu und hört zu … bis der Junge alles gesagt hat, bis das große Geheimnis, das er schon so lange mit sich herumschleppt, heraus ist.

»Weißt du«, sagt sie und blinzelt die Tränen weg, »du bist nicht der Einzige, der mal unsichtbar gewesen ist, vielen Leuten passiert dasselbe wie dir, bloß behalten es alle für sich, niemand redet darüber.«

»Wieso?«, fragt er.

»Wem hast du es denn erzählt?«

»Niemandem …«

»Schau mal.« Die Lehrerin dreht sich um und hebt die Haare im Nacken hoch. »Weißt du, was das ist?«

»Sieht aus wie der Kopf eines Drachen?«

»Ja, es ist ein Drache, aber ein ganz besonderer.«

»Wieso?«

»Weil dieser Drache aufgetaucht ist, als ich verschwinden wollte, er hat es mir ermöglicht, wieder sichtbar zu werden. Ich wollte jahrelang nicht, dass jemand mich ohne Bluse sieht, ich wollte nicht ins Schwimmbad, nicht an den Strand ...« *Viele Jahre lang,* denkt sie, aber das erzählt sie dem Jungen nicht, *hatte ich panische Angst, vor jemandem nackt zu sein ... wenn ich mal jemanden kennenlernte und wir zusammen ins Bett gingen, mussten alle Lichter ausgeschaltet sein, ich hielt es fast nicht aus, angefasst zu werden, ich hielt es fast nicht aus, umarmt zu werden ...* »Ich konnte den Gedanken nicht ertragen, dass irgendjemand meinen Rücken sah. Bis ich eines Tages meinen ganzen Mut zusammengenommen habe und dieser Drache geboren wurde.«

In diesem Moment, da im Park, in aller Öffentlichkeit, dreht sich die Lehrerin um, hebt hinten die Bluse und zeigt ihm ihren Drachen. Den ganzen.

»Ich will, dass du ihn dir genau ansiehst, nicht nur die Zeichnung, schau dir auch alles drum herum an und vor allem, was der Drache überdeckt.«

Der Junge bleibt stumm, betrachtet einen fremden Rücken, der zugleich sein eigener ist.

Und weil der Junge schweigt, nicht weiß, was er erwidern soll, ist sie diejenige, die ihn ermutigt, ihn drängt, alles zu erzählen, was passiert ist, die ihn fragt, warum er niemandem etwas gesagt hat ...

Zur Überraschung einer Lehrerin, die mit so einer Reaktion nicht gerechnet hat, antwortet ihr ein Junge, dass er kein Problem hat, seit er unsichtbar ist, dass er in unangenehmen Situationen einfach verschwindet und die Leute ihn so nicht mehr sehen können.

★★★

An den folgenden Tagen versucht eine Lehrerin, die Gewalt mit Hilfe von Worten irgendwie zu stoppen. Das Problem ist, dass diese Gewalt ebenfalls immer unsichtbarer wird: Sie tut noch genauso weh, hinterlässt aber keine Spuren.

Sie versucht auch zu verhindern, dass jemand ausgeschlossen wird, letztlich vielleicht die schlimmste Strafe, auch wenn der Betreffende sie in etwas Gutes zu verwandeln versucht: in eine Superkraft.

Sie versucht es weiter, in jeder Unterrichtsstunde, mit Worten, mit Begriffen, mit Beispielen, neulich sogar mit einem Märchen, bei dem alle Schüler ganz still wurden.

★★★

Das Märchen

»Heute erzähle ich euch ein Märchen«, sagte die Lehrerin, kaum hatte sie die Klasse betreten. Da mussten wir alle laut lachen.

Dass wir in unserem Alter ein Märchen erzählt bekommen sollten, fanden wir echt lustig.

»Hört mal«, sprach sie weiter, »Literatur besteht nicht nur aus Romanen oder Theaterstücken oder Gedichten ... Ein sehr wichtiger Teil der Literatur sind Märchen. In alten Zeiten, als niemand lesen und schreiben konnte, wurden viele Geschichten als Märchen weitergegeben. Märchen dienten zum Beispiel dazu, den Menschen eine Lebensweisheit zu vermitteln, ihnen etwas beizubringen ...«

Da griff sie zu einem kleinen Buch und suchte eine bestimmte Seite.

»Dieses Buch trägt den Titel *Märchen, um die Welt zu verstehen 2*. Auch wenn wir die Welt vielleicht nie ganz verstehen werden, hilft euch das Märchen, das ich euch heute erzähle, vielleicht wenigstens dabei, die Schule oder sogar diese Klasse ein bisschen besser zu verstehen. Es heißt *Das ist nicht mein Problem* und ist eine Version eines Volksmärchens.«

Dann las sie vor.

Eine Maus, die auf einem Bauernhof lebte, war gerade auf Nahrungssuche, da beobachtete sie durch ein Loch auf einmal, wie der Bauer und seine Frau ein Päckchen öffneten, das sie an diesem Tag gekauft hatten. Als sie den Inhalt auspackten, war das kleine Nagetier entsetzt, denn es handelte sich um nichts anderes als eine Mausefalle.

Erschrocken lief sie davon, um den übrigen Tieren des Bauernhofs Bescheid zu sagen.

»Sie haben eine Mausefalle gekauft! Sie haben eine Mausefalle gekauft!«, schrie sie.

Die beiden Kühe, die gerade seelenruhig grasten, erwiderten:

»Oje, Maus, das tut uns sehr leid, wir wissen, dass das ein großes Problem für dich werden kann, aber uns betrifft das nicht im Geringsten, das verstehst du doch bestimmt.«

Enttäuscht ging die Maus zum Hund, um ihm die schlechte Nachricht zu überbringen:

»Hund, Hund! Du musst mir helfen! Der Bauer und die Bäuerin haben gerade eine Mausefalle gekauft, du musst mir helfen, sie loszuwerden!«

Der Hund, der es sich gerade in einer Stallecke gemütlich gemacht hatte, antwortete ihr ohne großes Interesse.

»Oje, Maus, das tut mir sehr leid für dich, aber diese Mausefalle betrifft mich doch eigentlich gar nicht, das verstehst du doch bestimmt.«

Empört ging die Maus zu den drei Schweinen, die es auf dem Bauernhof gab, um zu sehen, ob sie ihr irgendwie helfen konnten.

»Schweine, Schweine! Ich habe gerade gesehen, dass der Bauer und die Bäuerin eine Mausefalle gekauft haben. Helft mir, sie zu finden, damit ich nicht darin gefangen werde!«

Die Schweine, die sich gerade genüsslich in einem Schlammloch suhlten, sahen sie unwillig an.

»Oje, arme Maus, da musst du sehr vorsichtig sein …«

»Aber ihr müsst mir doch helfen! Es ist schrecklich, dass es auf dem Bauernhof eine Mausefalle gibt.«

»Sind wir etwa in Gefahr? Für dich ist es vielleicht schrecklich, das bezweifeln wir nicht, aber uns kann eine Mausefalle bestimmt nichts anhaben.«

Und die Schweine wälzten sich weiter im Schlamm.

Keines der Tiere wollte etwas von diesem Problem wissen, denn im Grunde war es etwas, das nur die Maus betraf.

Es vergingen mehrere Tage, an denen die Maus extrem vorsichtig war. Sie konnte ja jeden Moment auf die Mausefalle stoßen und darin eingesperrt werden.

Es war ihr nicht gelungen, auch nur ein einziges Tier zu überreden, ihr bei der Suche danach zu helfen und sie unbrauchbar zu machen oder sie wenigstens zu verstecken.

Eines Nachts war plötzlich ein Geräusch zu hören, als ob die Mausefalle zugeschnappt wäre.

Die Bäuerin kam herausgelaufen und entdeckte, dass in der Mausefalle eine Schlange gefangen war, die tot aussah. Als sie sie befreite, kam jedoch wieder Leben in sie, und sie biss die Frau in den Arm.

Vom Geschrei seiner Frau alarmiert, kam der Bauer herausgelaufen. Als er sah, was geschehen war, verfrachtete er sie schnell ins Auto, um sie ins Krankenhaus zu bringen. Beim Losfahren überfuhr er zu allem Unglück den Hund, der direkt darunter schlief.

In den folgenden Tagen kamen viele Familienangehörige zu Besuch, und um ihnen allen etwas aufzutischen, beschloss der Bauer, seine drei Schweine zu schlachten.

Als die Frau schließlich wieder gesund war, kam die Rechnung vom Krankenhaus, und die konnten der Bauer und die Bäuerin nur bezahlen, indem sie ihre beiden Kühe an den Schlachthof verkauften.

Damit war das Märchen zu Ende. Die ganze Klasse blieb stumm. Alle wussten, dass die Lehrerin diese Geschichte aus einem bestimmten Grund vorgelesen hatte, wegen einer bestimmten Person. Ich war die Maus, da war ich mir sicher.

★★★

Nach dem Märchen überlegt ein Junge mit einer kleinen Narbe an der Augenbraue, welches Tier er ist: der Hund, die Kuh oder vielleicht das Schwein ... Ja, bestimmt ist er das Schwein. Er hat nämlich seinen Freund im Stich gelassen. Ewig lange schon fragt er ihn nicht mehr, wie es ihm geht, unterhält sich nicht mit ihm, sie schicken sich keine Nachrichten, verabreden sich nicht nach der Schule, um stundenlang zu reden ...

Seinen Freund? Er denkt an die Bedeutung dieses Wortes. Vielleicht ist es das nächste, das die Lehrerin im Unterricht analysiert. *Freunde* ... was für eine Sorte Freund ist er? Ein Freund würde den anderen nicht so hängen lassen, er würde ihm sofort helfen, ihn verteidigen ... Und er? Was passiert mit ihm, wenn er sich in diesen Krieg einmischt? Wo ist die Grenze zwischen helfen und sich selbst in Gefahr bringen? Vielleicht sind das zu große Fragen für jemanden, der noch so jung ist.

Jetzt sieht er ihn von seinem Pult aus an, mustert diesen Mäusejungen, der immer kleiner wird, der in den letzten Wochen auf so viele Mausefallen gestoßen ist, dass er wie verschwunden ist. Ihm wird klar, dass er ihn in allem enttäuscht hat, vom ersten Tag an, seit er beschlossen hat, sich rauszuhalten, seit er beschlossen hat, ihm nicht beizustehen.

Ja, er ist ohne Zweifel das Schwein. Eines von vielen.

Denn er ist nicht der Einzige, der sich so fühlt in einer Klasse, die die Maus schon vor langer Zeit im Stich gelassen hat. Die einen kommen sich vor wie Kühe, die anderen wie Hunde, die dritten wie Schweine ... aber alle legen sich tausend Ausreden zurecht, um sich zu rechtfertigen. Die beste von allen: dass sie wenigstens nicht die Mausefalle sind.

★★★

Er schon, er ist die Mausefalle, das ist ihm klar.

Ein Junge, der nur neuneinhalb Finger hat, verlässt die Schule schon seit Tagen zähneknirschend. Wie es im Spanischunterricht läuft, geht ihm immer mehr auf den Geist, er weiß nicht recht, wie er es stoppen soll, wie er gegen die Worte ankommen soll, denn er kann nur mit den Fäusten kämpfen.

Feigling, mutig, Krieger, Eichhörnchen, Drachen und jetzt dieses Märchen … Alles hat etwas mit ihm zu tun.

Ab jetzt wird er klüger sein, er wird ihn nicht mehr körperlich angreifen, das wird nämlich immer komplizierter, er wird sich jetzt darauf konzentrieren, ihn in den sozialen Netzwerken lächerlich zu machen, ihn von ihren Mitschülern zu isolieren, wird es so einfädeln, dass niemand mit ihm redet, dass er nur noch Luft ist.

Bei diesem Plan gibt es allerdings ein kleines Problem: Er kommt zu spät.

★★★

In den letzten Tagen vor dem Unfall haben sie mich fast gar nicht mehr geschlagen, und dafür gab es nur eine Erklärung: Ich war dabei zu gewinnen, meine Superkraft wurde immer stärker.

Tatsächlich übte ich ja auch zu Hause jeden Tag, ich konzentrierte mich und stellte mir vor, wie ich irgendwo spazieren ging, ohne dass mich jemand sah. Dasselbe tat ich im Unterricht, in der Schule, auf der Straße, immer versuchte ich möglichst unbemerkt zu bleiben.

Jeden Tag sahen mich weniger Leute auf dem Schulweg, ich ging schnellstmöglich an den anderen Schülern, den Vätern und Müttern vorbei ... Niemand bemerkte noch, dass es mich gab. Der Hausmeister der Schule hob zum Beispiel nicht mal mehr den Kopf, wenn ich ankam. Er schloss einfach das Tor, als wäre ich nicht gerade durchgegangen.

Im Flur drehte sich auch niemand mehr nach mir um, als würde ich gar nicht existieren.

Im Unterricht war es komplizierter, unsichtbar zu sein, denn selbst wenn sie mich nicht sahen, wussten alle, wo mein Platz war. Trotzdem schaffte ich es ab und zu, manchmal gab es ganze Tage, an denen keiner irgendwas zu mir sagte. Es war, als würde ich gar nicht teilnehmen.

Die große Pause über blieb ich in einer Ecke neben einem Baum, und an den meisten Tagen redete niemand mit mir, niemand kam zu mir, auch MM und seine Kumpel taten mir nichts. Endlich hatte ich es geschafft, es hatte funktioniert, sie konnten mich nicht sehen.

Das Gute am Unsichtbarsein ist, dass mir niemand mehr etwas tat, sie verprügelten mich nicht, spuckten mich nicht an, lachten nicht über mich. Endlich konnte ich die Schule in Ruhe verlassen und nach Hause gehen, ohne mich dauernd umdrehen zu müssen.

Das Schlechte am Unsichtbarsein ist, dass einen auch diejenigen nicht sehen, von denen man gern gesehen werden will. Kiri sah mich nicht mehr.

★★★

Es kommt der letzte Montag, bevor es passiert.

»Guten Morgen, ich habe mir überlegt, dass wir uns heute die ganze Stunde mit einem einzigen Wort beschäftigen«, sagt die Spanischlehrerin, während sie nach der Kreide greift.

Sie dreht sich um und malt große Buchstaben an die Tafel. Zuerst das riesige *S*, dann ein ebenso riesiges *T*, dann ein *R* ... und so weiter, bis alle ein Wort vor sich sehen, das sie sehr gut kennen.

Ein Wort, das einen Jungen betrifft, der jetzt nervös wird. Der weiß, dass diese Buchstaben, wenn man sie zusammenfügt, ihn sichtbarer machen denn je, denn an der Tafel steht jetzt das Wort, das ihn an seine große Macke erinnert.

Drei Pulte entfernt, in der vorletzten Reihe, wird ein Junge mit neuneinhalb Fingern auch nervös, als er es liest, sogar mehr als der unsichtbare Junge. Er weiß nämlich, dass dieses Wort mit seinem größten Mangel verknüpft ist.

★★★

STREBER

Das war das Wort, das die Lehrerin an die Tafel geschrieben hatte. An diesem Tag gab es jedoch kein Gekicher, sondern Schweigen.

»Also, traut sich jemand eine Definition dieses Wortes zu?«, fragte sie.

Keiner sagte einen Ton.

»Los, Sara, bilde einen Satz.«

»Äh ... also ... Er bekam die beste Note, weil er ein Streber war«, sagte sie.

»Gut, tja ... das könnte man gelten lassen, noch jemand anderes, du da ...«

»Er ging am Wochenende nie weg, weil er ein Streber war.«

»Okay, jetzt noch eine von euch hier.«

»Er besteht immer alle Tests, ohne sich anzustrengen, weil er ein Streber ist.«

Erst beim dritten Satz fiel mir auf, dass alle mit einem *Er* anfingen, nicht mit einem *Sie*. Dieser *Er* war ich.

»Na ja«, erwiderte die Lehrerin, »dieser letzte Satz ist nicht ganz stimmig, da haben wir ein Bedeutungsproblem.« Sie griff nach dem Lexikon. »Hört zu, ich lese euch die Definition vor, vielleicht kommt ihr dann drauf, wo der Fehler steckt. *Streber: Person, die viel lernt und sich von den anderen mehr durch Fleiß als durch Begabung unterscheidet.* Das heißt«, sprach sie weiter, »ein Streber ist nicht jemand, der von Natur aus schlau ist, sondern jemand, der sich sehr anstrengt, schlau zu werden, und das ist etwas ganz anderes. Was glaubt ihr, was ist wichtiger: Fleiß oder Begabung? Los, hebt die Hand. Fleiß?« Sie zählte kurz. »Und jetzt: Begabung?«

Die Abstimmung fiel mehr oder weniger gleich aus, ich stimmte für keins von beidem.

»Also«, sprach die Lehrerin weiter, »wenn ich wählen müsste, würde ich eine Person nehmen, die sich anstrengt. Ich kenne nämlich viele Menschen mit Begabung, die aber stinkfaul sind, dagegen erzielen die meisten Leute, die sich anstrengen, normalerweise gute Ergebnisse.

Aber bleiben wir beim Thema, lasst uns zu diesem Wort arbeiten, und vor allem lasst uns analysieren, wie wir es verwenden. In den meisten Fällen benutzen wir es abwertend, hab ich recht?«

★★★

»Sagt mal, wie viele von euch haben ein Handy?«

Bei dieser Frage hebt fast die ganze Klasse die Hand.

»Sehr schön. Was glaubt ihr, welcher Typ Mensch hat die notwendige Technologie entwickelt, damit ihr alle euer Geld für diese Apparate ausgebt? Was glaubt ihr, was für Leute sind damit reich geworden, während ihr eure Eltern um Geld anbettelt, um mehr auf dem Konto zu haben? Wer verdient Geld, während ihr die Zeit damit totschlagt, Selfies zu machen?

Wer benutzt Google? Wer benutzt WhatsApp? Wer hat ein Fahrrad, ein Tablet, einen Rechner? Wer ist schon mal in einen Zug, ein Flugzeug oder einen Aufzug gestiegen?

Alle diese Dinge haben wir nur, weil es mal Streber gab, die sie möglich gemacht haben, Menschen mit oder ohne Begabung, die sich angestrengt haben, um zu lernen, zu forschen, einen Schritt weiter zu gehen als die anderen ... Wenn ihr mit einem Roller oder einem Fahrrad fahrt, wenn ihr über eine Brücke geht, wenn ihr etwas im Internet bestellt, wenn ihr eine Glühbirne anknipst, wenn ihr ein Navi benutzt, um einen bestimmten Ort zu finden, wenn ihr Videospiele spielt, wenn ihr Fotos macht ... All diese Erfindungen haben wir Menschen zu verdanken, die wir *Streber* nennen. Im Grunde hängt euer ganzes Leben von ihnen ab.«

Die Lehrerin legt die nächste Pause ein. Wieder Schweigen. Selten waren die Schüler im Unterricht so aufmerksam.

»Ich nehme an, viele von euch sind schon mal mit dem Flugzeug geflogen, richtig? Bestimmt wärt ihr nicht gerade begeistert, wenn der Pilot einer von denen wäre, die in der Schule die schlechtesten Noten bekommen haben, die nichts hingekriegt haben, denen alles egal war ... Hab ich recht? Bestimmt hättet ihr es gern, wenn der Pilot gut ausgebildet wäre, und wenn er der Jahrgangsbeste wäre, umso besser, nicht wahr? Dann denkt jedes Mal, wenn ihr einen Streber kennenlernt, dasselbe von ihm: dass er wahrscheinlich jemand ist, der in der Zukunft euer Leben bestimmt.

Und danach kommt der große Rest, die Schafherde, die Konsumenten, diejenigen, die als Jugendliche über die Streber lachen, als Erwachsene aber fünfzehn Stunden am Tag für einen Hungerlohn in einer Pizzeria oder einer Burgerbude schuften.

Tja, und dann sind da noch die anderen, diejenigen, die denken, sie würden reich und berühmt werden, ohne auch nur einen Finger krummzumachen; diejenigen, die bloß davon träumen, berühmt zu sein, oder diejenigen, die an ihre Zukunft als YouTuber glauben, weil es gerade angesagt ist.«

Da beginnt die Lehrerin zu lachen.

»Hat einer von denen daran gedacht, was passiert, wenn YouTube irgendwann weniger pro Klick bezahlt oder gar nichts mehr? Was machen dann diese ganzen Menschen, die nur alles kommentieren, ohne von irgendwas eine Ahnung zu haben? Reden sie dann mit dem Spiegel?«

Sie unterbricht sich und lässt den Blick über die Klasse schweifen.

»Wisst ihr was, Leute? Vor euch liegen nur noch wenige Schuljahre, wobei der eine oder andere vielleicht ein bisschen länger braucht.« Jetzt rutscht MM auf seinem Stuhl hin und her. »Aber dann bleibt euch der Rest eures Lebens, und das ist viel Zeit, sehr, sehr viel Zeit, und was macht ihr dann?«

Wieder Schweigen.

»Nach der Schule liegt euer ganzes Leben vor euch, und ihr müsst euch überlegen, ob ihr Jahr um Jahr für einen Hungerlohn für andere arbeiten wollt oder nicht. Eins kann ich euch garantieren: Jetzt lacht ihr vielleicht über die Streber, aber in ein paar Jahren werden sie noch viel lauter über euch lachen.

Ihr solltet euch fragen, wer für gewöhnlich die reichsten Menschen der Welt sind. Es sind nicht diejenigen, die den ganzen Tag faul herumliegen oder sich im Spiegel ansehen, wie ihre lackierten Fingernägel oder die neuen Strähnchen geworden sind, und auch nicht diejenigen, die Stunden am Handy vertrödeln, nicht mal diejenigen, die ein Talent haben und es vergeuden. Nein, das sind nicht diejenigen, die reich werden.

Deswegen ... bevor ihr einen Mitschüler auslacht, der lernt, der etwas werden will, der etwas zur Gesellschaft beitragen will, denkt daran, wer euch wieder gesund macht, wenn ihr krank seid, wer euch das Leben rettet, wenn es Komplikationen bei der Entbindung gibt, wenn ihr einen Unfall habt ...«

In diesem Moment weiß MM, auch wenn er den Drachen gar nicht sieht: Er hat ihn im Visier, er wird ihn erbarmungslos angreifen.

Und die Lehrerin bemerkt, dass sich auf ihrem Rücken etwas regt. Weiß, wer die Kontrolle über das Gespräch übernehmen wird.

Und beide, MM und Lehrerin, zittern, weil sie nicht wissen, was der Drache sagen wird, was er mit diesen ganzen Informationen anfangen wird.

★★★

»Zum Beispiel du, Sara«, sagt der Drache, »als du gestürzt bist und dir das Bein gebrochen hast, wer hat dich behandelt, wer hat dich operiert, wer hat den Apparat entwickelt, mit dem das MRT gemacht wurde? Oder du, Marcos, als deine kleine Schwester viel zu früh geboren wurde, wer hat da deiner Mutter geholfen, sie zur Welt zu bringen, wer hat den Brutkasten entwickelt, dem es zu verdanken ist, dass deine Schwester heute gesund und munter ist? Oder du, Sandra ...«

In diesem Moment wird MM klar, dass der Drache über alle Schüler hinwegfliegt, aber mit einem klaren Ziel: er selbst.

In den nächsten Minuten werden seine Befürchtungen wahr. Es gibt keinen Namen, nur eine Geschichte. Seine Geschichte. Und da fragt sich MM, woher der Drache das weiß, wie er in Erfahrung gebracht hat, was vor so langer Zeit passiert ist.

»Oder stellt euch vor«, spricht der Drache weiter, »ihr fahrt mit euren Eltern im Auto, das Auto kommt mitten in der Nacht von der Straße ab ...«

Dafür gab es einen Grund, denkt MM.

»... und ihr habt einen Unfall, einen schweren, so einen, der das Leben kosten kann, euch selbst oder allen, die im Auto sitzen.«

Nicht allen, nur mir, sagt MM zu sich selbst.

»Und der Unfall ist so schwer, dass ihr ins Krankenhaus kommt und sofort operiert werdet, es geht um Leben und Tod, denn ein Stück Metall hat sich irgendwo in euren Körper gebohrt ...«

Nicht irgendwo – in die Brust, direkt über dem Herzen.

»Und zum Glück geht die Operation gut, aber ihr liegt lange in einem Krankenhaus, und es müssen alle möglichen Untersuchungen gemacht werden.«

Ewig lange, zwei Monate waren es, erinnert sich der Junge mit neuneinhalb Fingern. *Zwei Monate in einem Krankenhaus, ohne zu wissen, warum ich da lag, ohne dass ich etwas getan hatte, ohne ...* Da bekommt er zum ersten Mal feuchte Augen.

»Stellt euch mal vor, der Arzt, der euch operieren muss, wäre nicht da, weil er in der Schule immer Streber genannt wurde! Stellt euch mal vor, eure OP macht der faulste Arzt seines Jahrgangs! Oder – das wäre der Hammer, aber es könnte durchaus vorkommen – stellt euch vor, dass der Arzt, der euch rettet, derselbe ist, den ihr in der Schule verhöhnt habt, weil er dauernd gelernt hat?

Unterschätzt nie das Schicksal, und vor allem lacht nie über jemanden, der euch morgen das Leben retten kann.«

MM ist gar nicht mehr da, seine Gedanken sind in die Vergangenheit geflogen, zu den Wochen und Monaten, an denen ein siebenjähriger Junge Tag für Tag in einem Bett lag, ohne etwas zu verstehen ...

Viele Jahre vorher, auch in einem Krankenhaus
Ein Junge, der erst sieben Jahre alt ist, wacht jeden Morgen auf, ohne zu wissen, warum er durch einen Schlauch atmen muss, warum er so viele Tabletten bekommt, und vor allem, warum seine Hand in einem Verband steckt. Deswegen fragt er seine Mutter.

»Mama«, sagt er und kann sich fast nicht rühren, »warum bin ich hier?«

In diesem Moment verliert die Frau die Fassung und bricht in Tränen aus, hier, vor ihm. Ihr Schmerz ist so groß, dass sie am liebsten verschwinden, tot umfallen würde, wenn sie dadurch das Rad zurückdrehen und alles ungeschehen machen könnte …

MM erkennt, dass er verloren hat, dass sich der Drache unfair verhält, dass er Dinge weiß, die er nicht wissen dürfte. Es gibt Erinnerungen, die niemanden etwas angehen.

Er steht auf, geht ohne ein Wort aus dem Klassenzimmer.

Der Drache sieht ihn, die Lehrerin sieht ihn, der unsichtbare Junge sieht ihn, alle seine Mitschüler sehen ihn … aber niemand sagt etwas.

★★★

Ein Junge mit neuneinhalb Fingern geht wütend auf die Schultoilette und schlägt überall dagegen: an die Tür, die Wand, den Spiegel ... und mitten in seiner Wut merkt er, dass etwas an seiner Hand geknirscht hat. Aus einem seiner Knöchel läuft Blut.

Er hält die Hand unter den Wasserhahn und bricht in Tränen aus. Vor Zorn, Ohnmacht und Hass.

Der Unfall ist vor vielen Jahren passiert, als er noch sehr klein war, aber er erinnert sich an absolut alles, manche Erinnerungen sind wie eingebrannt. Der Streit seiner Eltern, schon bevor sie ins Auto stiegen: wie seine Mutter darauf beharrte, sein Vater solle in seinem Zustand nicht Auto fahren; wie sein Vater versicherte, dass die paar Drinks nichts ausmachten.

Und so, mit lautem Geschrei, wird ein gerade mal Siebenjähriger auf die Rückbank verfrachtet, ohne Gelegenheit, seine Meinung zu sagen.

Der Motor wird gestartet, und der Streit geht weiter: Tränen seiner Mutter, Gebrüll seines Vaters. Und mitten in diesem Gefühlschaos ein Junge, der Angst hat, aber nicht weiß, warum er eigentlich weint. Er ist noch zu klein, um zu verstehen, was die Wörter *Drinks* und *Auto* miteinander zu tun haben.

Wenige Minuten später signalisiert ein Herumreißen

des Lenkrads, dass das Schlimmste erst noch kommt: Das Auto gerät auf die Gegenfahrbahn, das entgegenkommende Fahrzeug gibt Lichthupe und kann ausweichen. Schreie seiner Mutter, Schreie seines Vaters, Tränen eines Jungen, der gern aussteigen würde, dem aber klar ist, dass er hier nichts zu sagen hat.

Kurz darauf Stille, diese Ruhe, die dem Unglück vorausgeht.

Erneutes Herumreißen des Lenkrads, was den Wagen von der Fahrbahn abbringt.

Ein Junge, der durch nichts auf seinem Sitz gehalten wird, merkt, wie er durchs Auto fliegt. Seine kleinen Augen beobachten, wie sich alles um ihn herum dreht.

Mitten in der Luft verspürt er auf einmal einen kleinen Schmerz an der Hand, aber es kommt noch schlimmer: Ein Stück Metall bohrt sich ihm in die Brust, direkt neben dem Herzen.

Dann Stille.

Schreie einer verzweifelten Mutter beim Anblick des Blutes, das ihrem Kleinen aus der Brust fließt.

Verzweiflung eines Vaters, der auf dem Boden kniet und einen Jungen in den Armen hält, dessen Leben ihm zwischen den Fingern zerrinnt.

Niemand hatte Hoffnung, dass ein so kleiner Körper mit so schweren Verletzungen überlebt, niemand außer dem Arzt, der ihn operiert hat, der die Verantwortung übernommen hat – einer der besten, wurde ihm später gesagt, einer derjenigen, die in ihrem Leben nichts anderes getan haben als zu lernen und sich auf so etwas vorzubereiten … darauf, Leben zu retten.

Der Junge hat überlebt, mit einer großen Narbe auf der Brust und einem halben Finger weniger, aber er hat überlebt.

Und zwar, so denkt er jetzt, dank jemandem wie dem Tomatenjungen.

★★★

Von da an gaben seine Eltern ihm alles, was er wollte, um ihr schlechtes Gewissen zu beruhigen.

Von da an zog sich sein Vater auch von ihm zurück. Sie spielten immer weniger zusammen, es gab immer weniger Umarmungen, weniger Küsse, weniger Gutenachtgeschichten ...

Das hat der Junge nie verstanden, denn mit sieben Jahren kann man jemandem nicht lange böse sein, mit sieben Jahren liebt man seine Eltern, auch wenn sie sich nicht um einen kümmern, auch wenn es nicht die besten Eltern der Welt sind ... auch wenn sie ihn mit dem Auto fast umgebracht hätten. So ist es nun mal: So kleine Kinder lieben bedingungslos.

Mit der Zeit hat sich sein Vater so weit von ihm entfernt, dass es an manchen Tagen so wirkt, als würden sie in verschiedenen Universen leben.

Warum?, hat er sich wieder und wieder gefragt. Vielleicht aus Scham, vielleicht weil er sich sein Verhalten nie verziehen hat, vielleicht weil er jedes Mal, wenn er seinen Sohn betrachtet, nur Schuld sieht.

Jetzt, da MM allein ist, weint er, wie er vor den anderen nie weinen würde, er kriecht unters Waschbecken und vergräbt den Kopf zwischen den Armen; jetzt wünscht sich dieser Junge, der Drache würde hereinkommen und ihn in die Arme schließen, auch wenn er ihn dabei verbrennen würde, auch wenn er ihm dabei die Krallen in die Haut bohren würde … denn auch Bösewichte brauchen hin und wieder eine Umarmung.

Genau in diesem Moment rührt sich etwas unter der Narbe auf seiner Brust.

★★★

Am Tag mit dem Wort *Streber* wurde mir klar, dass meine Macke nicht so schlimm war, dass die Lehrerin recht hatte: Ein Streber zu sein war gar nicht so schlecht.

An dem Tag passierte auch etwas Seltsames mit MM. Er ging raus aufs Klo und kam nicht wieder, nicht in dieser Stunde und den ganzen Tag nicht mehr. Auch nicht am nächsten Tag und am übernächsten. Angeblich hatte er sich die Hand schwer verletzt und sich was gebrochen.

Also hatte ich die nächsten Tage meine Ruhe. Wobei ich meine Superkraft inzwischen so perfektioniert hatte, dass ich es hinbekam, dass einen ganzen Tag lang niemand mit mir redete, niemand mich berührte, niemand mich sah.

Geschafft! Ich war glücklich. Jetzt konnte ich unsichtbar sein, wann ich wollte, jetzt klappte es immer.

Deswegen war das, was wenige Tage später passierte, so eigenartig …

★★★

Ein Junge mit neuneinhalb Fingern, von denen jetzt einer gebrochen ist, ist zu Hause und überlegt, wann der richtige Moment für etwas ist, das er sich nie getraut hat.

Es ist kompliziert, deswegen fällt es ihm so schwer. Zu so etwas braucht man Mut, und er ist im Grunde vielleicht doch ein Feigling.

Am dritten Tag zu Hause hält er es nicht mehr aus und geht nach draußen. Ungefähr um diese Zeit müsste der andere auf dem Nachhauseweg durch den Park kommen, und zwar allein. Umso besser, er will keine Zeugen.

Er wartet versteckt hinter einem Baum. Wenn der andere ihn sieht, läuft er bestimmt weg, deswegen will er ihn überraschen.

Nach wenigen Minuten sieht er ihn: Der Wespenjunge kommt mit gesenktem Kopf, als würde er seine Schritte zählen, als würde er in einer anderen Welt leben.

Er lässt ihn mehrere Meter vorbeigehen, bevor er hinter dem Baum vorkommt. Dann macht er:

»Psss.«

★★★

Dieses *Psss* wirbelt die Erinnerungen eines Jungen wach. Vor seinem inneren Auge zieht alles vorbei, was er seit seinem allerersten NEIN durchgemacht hat.

Er beginnt wieder zu zittern.

Und hat Angst.

Was ist schiefgegangen, warum ist er ausgerechnet jetzt wieder sichtbar geworden? Was hat er falsch gemacht? Seit wann hat er sich nicht mehr genug konzentriert?

Dank seiner anderen Superkraft nimmt er jemanden hinter sich wahr, schätzungsweise keine fünf Meter weg.

Dableiben oder wegrennen?

Diesmal will er ihm in die Augen sehen. Als er sich umdreht, stehen sich Held und Bösewicht gegenüber.

Die ganzen Erinnerungen werden wach: an die Schubser, das Beinstellen beim Betreten und Verlassen des Klassenzimmers, die Spuckebatzen am Rücken, seinen Kopf in der Toilettenschüssel, die Hundekacke in seinem Rucksack, das Wespenvideo, Fotos von ihm in den sozialen Medien, Kiris Gesicht, wie sie ihn einen Feigling nennt, die schlaflosen Nächte, die Male, die er ins Bett gemacht hat … Diese letzte Erinnerung bewirkt jetzt, dass sich die ganze Angst in seinem Körper zusammenballt und unkontrolliert als Flüssigkeit entweicht: Er macht sich in die Hose.

Der Bösewicht beobachtet mit großen Augen, wie sich auf der Hose des Tomatenjungen ein dunkler Fleck ausbreitet, der sichtbar macht, wie sehr der Held leidet.

Ein Held, der plötzlich instinktiv in alle Richtungen blickt. Er hat den Verdacht, dass sich irgendwo MMs Kumpel verstecken und alles filmen. Dass sie den Moment filmen, in dem sich ein Junge in die Hose macht, ohne dass ihm jemand etwas getan hat.

Er sieht MM wieder an und rennt schnell weg.

★★★

MM ist noch mehrere Minuten im Park stehen geblieben und hat dem Wespenjungen nachgeblickt. Der ist grundlos geflohen. Warum? Er hat ihm doch gar nichts getan, hat ihn nicht angerührt, hat nicht mal was zu ihm gesagt.

Er versteht nicht, was passiert ist, vielleicht weil er noch zu jung ist, um zu begreifen: Wenn man jemanden wieder und wieder zur Zielscheibe macht, heilen die Wunden nicht mehr zu.

Er dreht sich einmal um die eigene Achse. Niemand hat etwas gesehen. Umso besser.

★★★

Ein Junge kommt nach Hause und schleift eine so große Niederlage hinter sich her, dass sie schwerer wiegt als sein eigener Körper. Mit dem Schmerz wird er inzwischen problemlos fertig, die rauen Mengen haben ihn irgendwann abgestumpft, aber die Scham ... Das ist etwas anderes. Darüber ist er nie hinweggekommen.

Und ausgerechnet jetzt, wo er dachte, er hätte es geschafft, unsichtbar zu werden, wird er sichtbarer sein denn je.

In wenigen Minuten, vielleicht sogar jetzt schon, werden alle seine Mitschüler dieses Video sehen. Und nicht nur das, es wird auch die Freunde seiner Mitschüler erreichen, dann die Freunde der Freunde, und die Freunde der Freunde der Freunde ... und immer so weiter ohne Ende. Tausende Menschen werden sehen, wie er sich in die Hose gemacht hat.

Er geht nach oben in sein Zimmer, lässt den Rucksack fallen und wirft sich aufs Bett. Und da weint ein Körper, der nicht noch mehr Strafen ertragen kann. Schon viel zu lange schleicht er um Abgründe herum, tut das Unmögliche, um in einer Welt voller Feinde das Gleichgewicht zu halten, mit den Füßen immer weiter vom Boden weg ... mit den Füßen immer näher am Abgrund.

Wieder denkt er an das Video, es will ihm nicht aus dem Kopf, und er stellt sich auch vor, wie es ein ganz besonderes Handy erreicht, das Handy eines Mädchens mit vielen Armreifen. Wie sie auch auf ihrem Bett liegt und einen Link öffnet, den sie gerade bekommen hat. Wie sie sieht, wie er sich ohne offensichtlichen Grund in die Hose macht, bloß aus Angst. Wie sie lacht, wie sie ihn auslacht, er stellt sich ihr verächtliches Lachen vor, er stellt sich vor ... So ist das nun mal mit Gedanken, sie können ohne jede Grundlage unendliche Schmerzen bereiten.

Für ihn steht fest, dass er nicht wieder in die Schule geht. Wie er das anstellen soll, weiß er nicht, aber da geht er nicht wieder hin.

Er steht auf.

Geht ins Bad, ohne Licht zu machen.

Zieht sich aus.

Duscht sich und lässt das Wasser auf den Rücken prasseln.

Trocknet sich langsam ab, im Dunkeln, so hat er keine Gelegenheit, seinen nackten Körper im Spiegel zu sehen.

Er stopft die Hose tief unter die Schmutzwäsche, damit er keine Fragen beantworten muss.

Wenige Minuten später kommen seine Eltern und seine Schwester, ein kleines Mädchen, das beim Nachhausekommen jeden Tag als Erstes nach oben rennt, um ihn zu sehen.

»Komm runter, Abendessen!«, ist nach einer Weile aus der Küche zu hören.

Langsam steigen sie die Treppe nach unten, sie an seiner Hand, er mit genauem Blick auf alle Einzelheiten eines Zuhauses, das er morgen womöglich nicht vergessen kann.

Beim Abendessen ist in der Ferne Donner zu hören.

»Mama, was ist das?«, fragt seine Schwester.

»Ein Gewitter, aber uns passiert nichts, hab keine Angst«, erwidert die Mutter.

Als sie fertig sind, ziehen sie die Schlafanzüge an, putzen sich die Zähne, und während er sein Zimmer aufräumt, kommt seine Schwester mit einem Schäfchen aus Plüsch in der Hand rein.

»Kann ich heute Nacht bei dir schlafen? Ich hab Angst vor dem Gewitter.«

»Ja, na klar«, antwortet ein Junge, der immer noch an das Video denkt, an Kiri, an die Scham …

»Danke«, erwidert sie mit einem Lächeln, das die Sonne aufgehen lässt.

Beide schlüpfen ins Bett. Und dann beginnt unser Junge eines der schwierigsten Gespräche seines Lebens.

★★★

»Was für eine Geschichte erzählst du mir heute?«, fragt ihn seine Schwester, während sie sich an seine Brust kuschelt.

»Die von dem Jungen, den niemand lieb hatte«, antwortet er mit flackernden Augen. Er denkt, wenn das Licht aus ist, wird sie seine Tränen nicht bemerken.

»Niemand hatte ihn lieb?«

»Nein, Luna, niemand hatte ihn lieb ...«

Und dann kommt der Moment, in dem der Turm ins Wanken gerät, in dem man schon weiß, dass nicht einmal Wind nötig ist, um ihn umzupusten.

»Aber ich würde ihn schon lieb haben, bestimmt haben die anderen ihn doch lieb ...«

»Du schon, Luna, du schon ...«

»Wie kann man jemanden nicht lieb haben?«, fragt ein Mädchen in dem Alter, in dem die Unschuld noch lebendig ist.

Schweigen.

»Luna, weißt du, dass ich dich sehr lieb habe?«, fragt er und schließt sie fest in die Arme.

»Ich auch, ich hab dich auch sehr lieb, ganz doll lieb, superdoll lieb«, gibt sie zurück und rollt sich langsam zusammen wie ein Embryo.

»Ich werde dich immer lieb haben, Luna, immer, du

bist das Schönste, was mir im Leben passiert ist. Wäre das Leben doch nur immer so wie jetzt, so wie du!«, sagt der Junge zu ihr, während er den Kopf zwischen den kleinen Armen seiner Schwester vergräbt.

»Warum weinst du?«, fragt sie.

»Weil ich irgendwann vielleicht nicht mehr hier bin, bei dir.«

»Aber ich will nicht, dass du fortgehst, du sollst immer bei mir bleiben ...«, flüstert sie im Kampf gegen den Schlaf, den sie nach und nach verliert.

»Das weiß ich ja, keine Bange, ich werde immer bei dir sein, ich werde dich immer lieb haben ...«

»Ich will nicht, dass du fortgehst, ich will nicht, dass ...« Endlich fallen dem Mädchen die Augen zu. Sie schläft, ohne den Finger ihres Bruders loszulassen.

»Aber ich tauge doch zu nichts«, flüstert er ihr zu, »ich bin doch nur im Weg, alle lachen über mich, ich verstehe nicht, wozu ich überhaupt auf der Welt bin ...«

Er umarmt sie.

Und so, zusammen, Wange an Wange, verschwinden sie.

Sie fühlt sich glücklich, geborgen, geliebt.

Er fühlt sich wie ein Nichts.

★★★

Am nächsten Morgen wachte ich früh auf. Luna lag immer noch neben mir und hielt mich am Arm fest. Vorsichtig, um sie nicht zu wecken, stand ich auf, knipste die Nachttischlampe an und sah aus dem Fenster. Es regnete immer noch und sah aus, als würde es den ganzen Tag nicht aufhören.

Ich betrachtete meine Poster an den Wänden, die Regale voller Comics, den Schrank mit unendlich vielen Fotos, als wollte ich mir alles einprägen ... für den Fall, dass ich es nie wiedersah.

Nach einer Weile klingelte der Wecker meiner Eltern.

An diesem Morgen, während Luna und ich frühstückten, wurde mir klar, dass ich wenigstens zu Hause weiterhin unsichtbar war, dass ich meine Superkraft nicht verloren hatte.

★★★

Es ist sein Vater, der sich, wie fast immer, in Eile verabschiedet, mit einem *Bis später*, das niemanden erreicht. Er bemerkt nicht einmal, dass er länger nach dem Autoschlüssel gesucht als mit seinem Sohn gesprochen hat.

Eigenartig, wie bedeutsam solche Einzelheiten später sein können, wenn es zu spät ist, wenn man nach Hause kommt und merkt, dass man sich nicht an sein Gesicht erinnert. Fast immer verhalten wir uns, als würde alles um uns herum ewig da sein, anstatt jeden Moment zu leben, als könnten wir am nächsten Tag alles verlieren.

Als sein Vater nicht mehr da ist, beobachtet er seine Mutter genau. Wie sie hin- und herläuft, alles für seine Schwester zurechtlegt, die Tasche für ihre Arbeit sucht und die Küche möglichst aufgeräumt hinterlässt …

Wie sie Luna nimmt und aus dem Haus geht, fast ohne auf ihn zu achten, ohne zu merken, dass sie einen Körper vor sich hat, der immer mehr zwischen den Möbeln verschwindet. Und so beginnt ein Morgen, der ganz anders sein wird als alle anderen.

★★★

Alle waren schon fort, ich war allein zu Hause.

An diesem Tag hatte ich keine Eile, ich würde nicht in die Schule gehen, nie wieder. Die ganze Nacht hatte ich mir alle Möglichkeiten überlegt. Die erste, die mir einfiel, war, meine Bücher und Aufschriebe zu verbrennen. So hatte ich wenigstens einen Grund, wegzubleiben.

Ich ging hoch in mein Zimmer, nahm den Rucksack und stopfte alle Schulsachen rein. Ich nahm auch das Handy und ein Feuerzeug.

Ich weiß selbst nicht, warum, aber ich ging in Lunas Zimmer, betrachtete eine Weile ihr Bett, ihre Puppen, ihre Bücher ... und auf einmal sah ich es auf dem Tisch liegen. Ich nahm es und stopfte es noch in den Rucksack.

Dann ging ich runter in die Küche, machte das Licht aus und ging hinaus. Es regnete immer noch.

Ich war kurz davor, wieder reinzugehen und den Regenschirm zu holen. Aber es wäre absurd, nachher einen Regenschirm allein umherfliegen zu sehen, ohne jemanden darunter.

Beim Gehen dachte ich wieder an meine Möglichkeiten. Ich war ziemlich durcheinander. Das mit MM war ein Patzer gewesen, bestimmt ein Konzentrationsfehler. In den letzten Wochen war ich immer mal wieder sichtbar gewesen: im Unterricht, zu Hause beim Abendessen mit meinen Eltern, als ich irgendwann mal zum Einkaufen in den Laden ging ... Wobei das immer Absicht gewesen war. Wenn ich unsichtbar hatte sein wollen, hatte ich es jedes Mal hinbekommen. Für mich stand fest: Die Einzige, bei der meine Superkraft nie funktionierte, war meine Schwester. Aber funktionierte sie bei MM jetzt etwa auch nicht mehr? Was, wenn ich meine Kraft allmählich verlor? Wenn die Wirkung des Wespengifts immer mehr nachließ?

Wobei es auch eine andere Erklärung gab. Wenn mich der Mensch, den ich am liebsten hatte – meine Schwester –, immer sehen konnte, galt diese Regel im Umkehrschluss auch für den Menschen, den ich am meisten hasste.

Ich musste herausfinden, ob die Sache mit MM daran gelegen hatte, dass ich nicht konzentriert genug gewesen war, oder ob meine Superkraft allmählich nachließ ... denn wenn es Letzteres war ...

Es regnete stärker, deshalb lief ich schneller. Als ich zum Mäuerchen kam, sprang ich drüber und rannte weiter, um schnellstmöglich in den Tunnel zu schlüpfen.

Ich setzte den Rucksack ab und nahm alles heraus.

Das Schäfchen meiner Schwester packte ich neben die anderen Sachen auf einen kleinen Vorsprung. Eigentlich wusste ich gar nicht, warum ich es mitgenommen hatte. Es war, als wollte ich ein Stück von ihr dabeihaben.

Ich griff nach dem Feuerzeug. Alles zu verbrennen, fand ich wirklich am besten, um nicht mehr in den Unterricht zu müssen: die Bücher, die Hefte, die Aufschriebe, den Rucksack ...

Zuerst mühte ich mich ab, denn der Rucksack war nass, aber die Bücher nicht, also steckte ich das ganze Papier wieder rein und zündete es an. Der Rucksack begann vor meinen Augen zu schmelzen.

Ich betrachtete auch die Tunnelwand, alles, was da war: die Papiere, die Liste, die Zeichnungen ... alles, was ich in den letzten Monaten zusammengetragen hatte.

Und jetzt?

Tja, jetzt musste ich herausfinden, ob es nur ein einmaliger Aussetzer gewesen war oder ob meine Fähigkeit, mich unsichtbar zu machen, tatsächlich verlorenging. Das ließ sich herausfinden. Ich musste bloß warten.

★★★

In der Schule schrillt die Klingel, die Schüler rennen hinein, alle auf einmal ... wie das bei Regen so ist, wenn die Welt unterzugehen scheint.

Sind sie erst einmal drinnen, gehen alle in ihre Klasse und erwarten einen gewöhnlichen neuen Schultag.

Eines der Klassenzimmer, das zweite rechts im oberen Stockwerk, betritt eine Lehrerin und begrüßt alle, ohne groß darauf zu achten, wer fehlt. Sie nimmt die Kreide und will gerade das Wort des Tages in Großbuchstaben an die Tafel schreiben, da merkt der Drache, dass ein Platz leer ist. Deshalb rührt er sich, deshalb dreht sich eine Lehrerin mit schmerzendem Rücken um und entdeckt, wer fehlt.

»Weiß jemand, warum er nicht gekommen ist?«
Niemand sagt etwas.

Verwundert wendet sie sich ab und setzt noch einmal an, um das Wort zu schreiben. Sie schreibt das *U*, das *N*, das *S*, das *I*, das *C* ... und als sie gerade den nächsten Buchstaben schreiben will, regt sich der Drache wieder. Er ist unruhig, nervös.

Sie legt die Kreide weg, dreht sich um und betrachtet wieder den leeren Platz.

»Ich rede kurz mit der Rektorin, bin gleich wieder da«, sagt sie. An der Tafel steht ein Wort, das sie nicht zu Ende schreiben wird.

★★★

Ein Junge, der nicht mehr weiß, ob die Leute ihn sehen können oder nicht, verlässt den Schutz des Tunnels Richtung Antwort, die er sucht.

Er geht wie ein Seiltänzer im Regen, versucht auf zwei parallelen Drahtseilen nicht auszurutschen. Nach etlichen Metern entscheidet er sich für eine gut sichtbare Stelle, genau da, wo die ewige Gerade zu Ende ist, um sich selbst zu beweisen, dass er immer noch unsichtbar ist.

Hier, wo alle ihn sehen können, wird er bleiben und darauf warten, dass ihn die Antwort auf seine Frage einholt.

★★★

Der Drache fegt wie ein Wirbelwind ins Büro der Rektorin, um nach dem unsichtbaren Jungen zu fragen. Doch sie weiß nichts, niemand hat angerufen und mitgeteilt, dass er nicht in den Unterricht kommen würde.

»Wir müssen die Eltern verständigen«, sagt eine Lehrerin, die immer nervöser wird.

»Nun, das halte ich nicht für nötig. Wenn wir jedes Mal die Eltern anrufen würden, wenn ...«

»Es ist doch Vorschrift, wir sind dazu verpflichtet«, beharrt sie.

»Dann mach, was du willst ...«

Sie holt das Telefon und ruft an.

Mehrere Kilometer entfernt klingelt ein Handy, das niemanden erreicht. Sie legt auf.

Jetzt ruft sie die andere Nummer an. Es klingelt einmal, zweimal, dreimal ... Diesmal klappt es. Die Mutter geht ran.

Das Gespräch klärt die Situation jedoch nicht, ganz im Gegenteil: Sie weiß auch nichts, sie versteht nicht, warum ihr Sohn heute nicht im Unterricht erschienen ist.

Und dann Ängste, Fragen, Hektik. Da beschließt der Drache zu handeln, das Kommando über einen Körper zu übernehmen, der blockiert ist.

»Ich fahre los und suche ihn«, sagt sie, ohne auf Antwort zu warten.

»Wie bitte?«, protestiert die Rektorin. »Wo willst du denn hin? Bist du verrückt? Du musst bei deinen Schülern bleiben, wir ergreifen sofort die notwendigen Maßnahmen, aber du musst ...«

Doch die Lehrerin ist nicht mehr da, um sich irgendetwas anzuhören, sie kann sich irren, sie schon, aber der Drache nicht, der Drache irrt sich nie.

Sie holt den Autoschlüssel aus der Tasche, öffnet die Fahrertür und fährt los. Durch Regen und Angst.

Sie weiß genau, wo sie hinmuss, sie kennt den Schlupfwinkel des Jungen, der jetzt sein Grab werden könnte. Sie folgt ihm nicht zum ersten Mal, das tut sie schon lange, ohne dass er es gemerkt hat.

Sie tut es seit dem ersten Tag im Park, als MM und seine Kumpel ihn auf einer Parkbank überrascht haben und verprügeln wollten. Sie erinnert sich noch an die Reaktion des armen Jungen. Er hat bloß die Augen zugepresst, sich zusammengekrümmt, den Kopf zwischen den Armen vergraben und einfach auf die Schläge gewartet.

Schläge, die nie gekommen sind, weil sie selbst auf der anderen Seite aufgetaucht ist und seinen Peinigern in die Augen gesehen hat. Da sind MM und seine Kumpel weitergegangen, als wäre nichts, als wäre der unsichtbare Junge wirklich unsichtbar.

Sie haben es noch an mehreren weiteren Tagen versucht, und jedes Mal war sie da.

Seither ist sie ihm fast immer gefolgt, deshalb weiß sie jetzt, wo sie ihn finden kann.

★★★

Es regnet weiter auf einen Körper, der reglos dasteht. Es dauert nicht mehr lange; er sieht ihn noch nicht, kann aber die Vorboten der Antwort schon unter den Füßen spüren: ein Beben, das von Sekunde zu Sekunde stärker wird.

Er ist davon überzeugt, dass er noch unsichtbar ist, vielleicht weil das der einzige Lichtblick ist, um in einer Welt weiterzuleben, die ihn nicht liebt.

Da ist er, noch weit entfernt, aber er kann ihn schon sehen: einen kleinen Punkt, der größer wird, je näher er kommt.

Im Moment Stille, das ist ein gutes Zeichen.

Er kommt immer näher, wird immer größer, und weiterhin Stille. Er lächelt.

Ein Lächeln, das plötzlich wie weggewischt ist, als ein Hupen ertönt. So laut, dass es alles um ihn herum ausfüllt, so durchdringend, als würde sich eine Nadel quer durch seinen Kopf bohren.

Das verstehe ich nicht, das verstehe ich nicht, das verstehe ich nicht, sagt er zu sich selbst. *Das kann doch gar nicht sein …*

★★★

Ein Auto fährt viel zu schnell durch regenverhangene Straßen. Die Frau am Steuer kann sich nicht anlehnen, weil ihr Rücken brennt, als stünde die Lehne in Flammen. Einen Moment lang denkt sie, der Drache würde sich selbständig machen.

Sie erreicht den Ort, weiß aber nicht, wo sie parken soll, kein Platz. *Egal!*, schreit ihr ein Drache zu, der mehr hervortritt denn je. *Lass das Auto da stehen, auf dem Gehweg!*

Genau das tut sie.

Und beide, Frau und Drache, springen aus dem Auto und bewegen sich auf das Mäuerchen zu. Sie rennt, er fliegt.

★★★

Eine Hupe brüllt weiter einen Jungen an, der es einfach nicht glauben kann. Einen Körper, erstarrt, reglos in einem Regen, der ihn an Ort und Stelle begraben zu wollen scheint.

Eine Hupe, die zwei Wirklichkeiten aufzeigt: seine eigene, die nur in seiner Phantasie existiert, und die Realität, die wir anderen alle kennen.

Seine eigene gaukelt ihm vor, nachdem er monatelang unsichtbar war, hätte er seine Superkraft aus irgendeinem Grund verloren. Eine schmerzhafte Erkenntnis, denn das würde bedeuten, dass alles wieder von vorne losgeht: die Beleidigungen, die Prügel, das Gelächter, die Gewalt …

Und dann ist da die andere Wirklichkeit, die wir alle kennen, die er aber nicht einmal in Betracht zieht: Vielleicht ist er jetzt sichtbar, weil er es immer gewesen ist. Aber klar, sich das einzugestehen wäre zu hart für einen so zerbrechlichen Körper: Es würde bedeuten, dass in den letzten Monaten alle gesehen haben, was ihm passiert ist, und niemand etwas unternommen hat, um ihm zu helfen. Nein, diese Möglichkeit zieht er nicht einmal in Betracht.

★★★

Zehn Sekunden

Die Hupe hupt weiter einen Jungen an, der sich nicht rührt. Hupt immer lauter, immer näher.

Jetzt hat der Verstand die Kontrolle übernommen, hofft, einen Körper aus seiner Erstarrung zu lösen. Schickt kleine Erinnerungen aus der Zeit, in der es kaum Angst gab: seiner Kindheit.

Erinnerungen an seine Großeltern und ihr Haus im Dorf; an den Geruch von Feuerholz; an die Geldstücke, die sein Opa ihm ganz plötzlich hinter den Ohren hervorzauberte; an die Partien *Mensch ärgere dich nicht*, die er rätselhafterweise fast immer gewonnen hat; an die Bonbons, die seine Oma ihm immer heimlich zugesteckt hat … Wie er sich auf dem Sofa auf seinen Vater gelegt hat, mit dem Kopf auf dessen klopfendes Herz, bis er eingeschlafen ist; der Geschmack der Makkaroni, die Mama freitags immer kochte; die Sandburgen, die irgendwann immer vom Wasser fortgespült wurden; der Drachen, der sich im Baum verfing; die ersten Tage im Schwimmbad; die Fürsorge seiner Mutter, als er einmal eine so starke Grippe hatte, dass er eine Woche das Bett hüten musste; die Zahnfee, die ihm jedes Mal, wenn ihm ein Milchzahn ausfiel, ein Geschenk brachte, das viel zu groß für so eine kleine Fee war; das Gefühl, in den Armen seines Vaters zu schweben, wenn sie spät nach Hause kamen und er im Auto eingeschlafen war ...

Das Problem ist, dass der Verstand bei all diesen fernen Erinnerungen andere, nähere, schmerzhaftere nicht herausfiltern kann: das Gefühl von Ohnmacht bei jenem ersten Schubser; das Gelächter seiner Mitschüler nach jedem Angriff, nach jeder Beleidigung; alle Pausenbrote, die am Ende verdorben auf dem Boden lagen; die Male auf dem Rücken, die er vor allen zu verstecken versucht hat; der Geruch seines eigenen Urins am Körper ... Diese Erinnerungen halten den Körper im Regen fest, ohne Absicht, sich zu bewegen.

Acht Sekunden

Der Verstand versucht es noch einmal, er weiß, dass immer weniger Zeit bleibt, um die Wucht der Verzweiflung zu überleben. Deshalb sucht er jetzt in einem anderen Teil der Erinnerungen, bis er die Lösung gefunden zu haben glaubt: die Liebe.

Und schickt Bilder in einen Körper, den die Hupe in seiner Hölle festhält: das Tanzen der Armreifen, wenn sie die Arme bewegt hat; jener Nachmittag, an dem sich versehentlich ihre Hände gestreift haben; der erste Kuss auf die Wange; die Sommersprossen, die über ihr Gesicht getanzt sind, wenn sie gelächelt hat; die Nachrichten mit Smileys und violetten Herzchen, die Blicke vor dem Tschüssagen; wie glücklich er war, wenn er beim Einschlafen an sie gedacht hat; was er sich an seinem letzten Geburtstag gewünscht hat; die Zeichnungen, die jetzt an der Tunnelwand hängen: die von dem Rieseneichhörnchen, das mit dem Krieger kämpft, die mit der Pistole, die auf die Initialen MM gerichtet ist ... Und da kommen mit einem Mal andere Gedanken: das Wort *Feigling*, das sie auf dem Heimweg einmal zu ihm gesagt hat; die Unterhaltungen, die sie nicht mehr geführt haben; wie er sie von weitem mit anderen Jungs beobachtet hat ... und vor allem der Fleck auf seiner Hose, den sie jetzt bestimmt schon gesehen hat und wegen dem sie ihn bestimmt ausgelacht hat.

Sechs Sekunden

Er kann ihn schon unter den Fußsohlen spüren, alles bebt, es ist der Tod, der ihn holen kommt.

★★★

Ein Drache, der gerade über ein Mäuerchen hinweggeflogen ist, schwingt sich höher, um einen besseren Überblick zu haben.

Und plötzlich entdeckt er ihn: Im Regen steht ein Körper reglos auf den Gleisen eines Zuges, der ihn gleich überfahren wird.

Er kann unmöglich rechtzeitig da sein, trotzdem breitet er seine gewaltigen Schwingen aus, um so schnell wie möglich zu ihm zu fliegen, und schreit und speit Feuer und Wut und Angst …

Ihm ist auch klar, dass es nicht der Zug ist, der das Leben dieses Jungen zerstören wird, nicht einmal MM ist der Schuldige; nein, wer ein Leben beendet, das noch kaum begonnen hat, sind alle diejenigen, die etwas gesehen, aber lieber weggeschaut haben; auch all diejenigen, die gar nichts sehen wollten. Unsichtbar ist man nur, wenn die anderen einem dabei helfen.

Und trotzdem, auch wenn er weiß, dass er nicht rechtzeitig bei ihm sein wird, fliegt der Drache so schnell wie möglich weiter.

★★★

Fünf Sekunden

Der Verstand weiß, dass er nur noch eine letzte Chance hat.

Fünf Sekunden sind die Galgenfrist, um ihm die richtigen Gedanken zu schicken. Jetzt darf nichts mehr schiefgehen.

Vier Sekunden

Der Verstand hat eine Idee oder vielmehr zwei. Die erste: dem Körper eine Lüge einzugeben, eine glaubhafte Lüge in diesem ganzen Universum von Superkräften, die sich der Junge eingebildet hat. Eine Lüge, die ihm Hoffnung gibt.

Und seine Erinnerungen dann sofort mit Liebe zu füllen, aber der anderen Liebe, derjenigen, die nie aufhört.

Und los geht's mit der Lüge …

★★★

Die Lüge

Keine Ahnung, was ich in dem Moment dachte, ich weiß nur noch, dass ich dastand, ohne mich zu rühren, im Regen, und einen schwarzen Fleck näher kommen sah, der immer größer wurde.

Ah, und ich erinnere mich auch noch an das unerträgliche Hupen des Zuges, das mir in den Kopf schoss, dasselbe, das mich jetzt nachts nicht schlafen lässt.

Und plötzlich, ich weiß nicht, wieso, kam mir eine Idee, eine Hoffnung … Was, wenn der Zugführer mich wegen des Regens gesehen hatte? Das war möglich, das konnte die Erklärung sein. Vielleicht war ich wirklich unsichtbar, aber im Regen hatte der Zugführer eine Silhouette auf den Gleisen gesehen, und deswegen hupte er, na klar! Das war der Grund! Der Zugführer sah bloß meinen Umriss im Regen, nicht mich.

Dieser Gedanke munterte mich ein bisschen auf, trotzdem war ich schrecklich müde … Wie satt ich alles hatte: dass die Leute mich nicht sahen, ein Außenseiter zu sein, dass Kiri mich nicht mehr beachtete, ständig wegzulaufen, so zu leben …

Drei Sekunden

★★★

Ich auch,

ich hab dich auch sehr lieb,

ganz doll lieb,

superdoll lieb.

Die Liebe

Plötzlich musste ich an sie denken.

Als ich geradeaus blickte, sah ich keinen Zug, sondern wie Luna mit offenen Armen auf mich zugerannt kam, so wie jeden Tag, wenn sie nach Hause kommt.

Ich sah sie als kleines Baby, wie sie in ihrer Wiege schlief und meine Eltern zu mir sagten: »Jetzt musst du uns helfen, uns um sie zu kümmern«; wie sie mir die Hand gab, als sie noch nicht richtig gehen konnte, meine Angst jedes Mal, wenn sie hinfiel, und meine Freude, wenn sie mit einem Lächeln wieder aufstand; ich sah sie an meiner Hand, wenn wir eine Straße überqueren wollten, wenn wir eine Treppe hinauf- oder hinunterstiegen …

Ich sah sie auch auf ihrem kleinen Fahrrad, wie sie ohne Stützräder das Gleichgewicht zu halten versuchte und in die Pedale trat, während mein Vater ihr half, nicht hinzufallen, und ich sie ermutigte, wieder aufzustehen.

Ich sah ihr Lächeln, wenn sie mich fragte, ob sie bei mir schlafen könne, und ich ja sagte, wenn ich ihr heimlich Kekse zusteckte; wenn ich ihr nach jeder Geburtstagsfeier beim Nachhausekommen etwas Süßes gab, das ich für sie eingesteckt hatte; wie sie bei mir mit ihrem eingebildeten Thermometer Fieber maß, mir ihre eingebildeten Tabletten gab und mir ihre echten Pflaster auf den Körper klebte.

Ich sah, dass der Fleck, der mich verschlucken würde, genauso schnell größer wurde wie Luna.

Jetzt stand sie vor mir und sagte, dass sie mich sehr lieb hatte, ganz doll, superdoll; sagte, ich solle nicht fortgehen.

In diesem Moment sah ich, wie sie die Hand nach mir ausstreckte, wie sie mich bat, sie zu begleiten, wie sie sagte, dass sie Angst hatte, dass sie nicht hier sein wollte, dass sie wieder nach Hause wollte, in unser Zimmer, in unser Bett ... damit ich ihr eine Geschichte erzählte, aber nicht die von dem Jungen, den niemand lieb hatte, nein, die nicht, eine andere, eine ganz andere ... *Denk dir eine andere aus, eine schöne, eine mit Happy End ...*

Ich streckte ebenfalls den Arm aus und reichte ihr die Hand.

★★★

Und ein Drache, der gleich bei ihm ist, beobachtet atemlos, wie der Junge einen Arm ausstreckt – als würde er jemandem die Hand reichen –, sich langsam bewegt und genau in dem Moment, als er von den Schienen steigt, vom Zug erfasst wird.

★★★

Der Zug hat ihn nicht voll erfasst, es war das Tempo des Todes, das ihn hat fliegen lassen, es hat ihn so weit fortgeschleudert, dass der Drache jetzt nicht weiß, wo er gelandet ist. Ein Drache, der sich mit aller Macht in die Höhe schwingt, um ihn ausfindig zu machen.

Und er sieht ihn mehrere Meter entfernt reglos in einer riesigen Pfütze liegen.

Mit aller Kraft kämpft er sich zu Boden, durch Regen, Angst und Gewissensbisse hindurch. Packt ihn vorsichtig mit den Krallen und schwingt sich wieder in die Luft, um ihn in den Tunnel zu tragen.

Er landet und legt ihn sanft auf den Boden. Umarmt ihn mit seinen großen Flügeln und versucht ihm die Wärme zurückzugeben, die er verloren hat. Da merkt er, dass der Junge am Kopf blutet, und als er ihn bewegt, merkt er auch, dass er nicht atmet.

Die Lippen eines Drachen legen sich auf die des Jungen im Versuch, ihm das ganze Feuer zu geben, das er in sich trägt.

Er bläst und bläst und bläst ... im Versuch, jemanden, der schon fast fortgegangen ist, wieder zum Atmen zu bringen.

Er bläst und bläst und bläst ... Luft, Feuer und vor allem Hoffnung.

Und bläst …

Endlich bemerkt der Junge das Feuer des Drachen und atmet.

Und hustet.

Und bewegt sich.

Und klammert sich instinktiv an den Drachen wie ein Schiffbrüchiger an einen Rettungsschwimmer.

Da weint der Drache.

★★★

Während die Lehrerin mit dem Jungen im Schoß auf den Notarzt wartet, den sie selbst gerufen hat, blickt sie sich um. Ihr wird klar, dass der Junge sich hier einen Schlupfwinkel geschaffen hat, wo er die Schlechtigkeit der Welt mit schönen Erinnerungen auszugleichen versucht hat.

Sie betrachtet mehrere Zeichnungen, die an der Wand kleben, Zeichnungen eines kleinen Mädchens – vermutlich seiner Schwester –, auf denen immer zwei Personen zu sehen sind: ein Mädchen mit einem Kleid und ein etwas größerer Junge mit langer Hose und T-Shirt. Die beiden auf Schaukeln, beim Spiel im Park, an einem Strand, beide Hand in Hand …

Sie entdeckt auch andere Zeichnungen, die von jemand Älterem stammen, vielleicht jemandem im Alter des Jungen: eine mit einem Krieger, der gegen ein riesiges Eichhörnchen kämpft; eine andere mit einer Pistole, die auf zwei Initialen, *MM*, gerichtet ist; eine andere, auf der ein Junge einen Dartpfeil in Form eines Kulis nach einer Art Monster wirft; eine andere, auf der eine Wespe in Kriegskluft die ganze Seite ausfüllt … Zeichnungen, von denen die Lehrerin in diesem Moment nicht weiß, von wem sie stammen.

Sie entdeckt auch mehrere Gegenstände auf einem

Vorsprung an der Wand: einen Haufen Comics, eine Batmanmaske, mehrere Superheldenfiguren, etwas Kinderspielzeug, das gerahmte Foto eines Mädchens, das die Lehrerin auch kennt, einen kleinen Ball, ein Schäfchen aus Plüsch …

Sie seufzt, kann die Tränen nicht wegblinzeln.

Jetzt sieht sie in die andere Richtung, auf die gegenüberliegende Wand, und da erlebt sie eine Überraschung.

★★★

Sie entdeckt eine Art Liste, die mit Kreide an die Wand geschrieben ist, eine lange Liste mit vielen Namen. Sie fängt oben links an zu lesen:

Die Sozialkundelehrerin, die mich nicht gesehen hat, als sie mich in der großen Pause zu Boden geworfen haben.

Die Frau in dem roten Kleid und der Mann mit dem Aktenkoffer, die im Park waren, als sie meinen Rucksack ausgekippt haben.

David und Liliana.

Die ältere Frau, die einen Einkaufswagen geschoben hat, als ich aus der Brache herausgerannt kam.

Der Hausmeister jedes Mal, wenn ich durchs Schultor rein- oder rausrenne.

Der Geschichtslehrer.

Meine Mitschüler Nico, Sara, Cloe und Carlos.

Der Polizist, der am Schultor steht, wenn wir reingehen.

Der Polizist, der am Schultor steht, wenn wir rausgehen.

Der Mathelehrer.

Meine Mitschüler Javi, Iker, Juanjo und Vero.

Papa.

Zwei Schüler aus der Dritten, die mich nicht aus der Schultoilette haben kommen sehen.

Zaro.

Die Rektorin.

Die Mütter und Väter, die bei Schulschluss im Auto sitzen bleiben.

Mama.

Meine Mitschüler Esther, Pedro und María.

Esthers Vater.

Marina und ihre Mutter.

Die Frauen, die bei Schulschluss draußen vor dem Café an der Schule sitzen und etwas trinken.

Kiri.

Kiris Mutter.

Die Frau, die an mir vorbeigegangen ist, als ich mit nasser Hose nach Hause gelaufen bin.

Meine Mitschüler Sandra, Patricia, Silvia, Ana, Héctor ...

Die Lehrerin hat soeben verstanden, was diese Liste bedeuten soll. Es ist die Liste der Schande, eine Aufzählung von allen, die dazu beigetragen haben, dass dieser Junge, den sie jetzt im Arm hält, unsichtbar geworden ist. Sie streicht ihm übers Gesicht und drückt ihn ganz fest an sich.

Und jetzt, beim Blick auf die Liste, fragt sie sich: In was für einer Gesellschaft leben wir? Wann sind wir zu Monstern geworden?

★★★

SICHTBAR

Wenige Minuten später, inmitten von Sirenengeheul, macht der Junge die Augen leicht auf und sagt mit einem schwachen Lächeln ein einziges Wort: *Luna* ...

Ab diesem Moment wird er wieder für alle sichtbar sein. Für diejenigen, die das Hupen, die Vollbremsung und die Sirene gehört haben und herbeigelaufen kommen, um zu sehen – und es mit dem Handy zu filmen –, was am Bahngleis passiert ist.

Sichtbar für die Ärzte, die sich in der Notaufnahme sofort um ihn kümmern werden.

Wieder sichtbar für seine Eltern, die völlig verstört von der Arbeit losfahren werden, denn es gibt keine schlimmere Angst als die Ungewissheit, was dem eigenen Kind zugestoßen ist.

Auch sichtbar für alle Lehrkräfte der Schule, die sorgenvolle Gesichter machen und den Kopf schütteln werden, als wüssten sie nicht, wie so etwas passieren konnte. Sichtbar nicht zuletzt auch für die Rektorin der Schule, die um die Gesundheit des Jungen besorgt sein wird und natürlich darum, was das für den Ruf und die finanzielle Situation der Schule bedeutet.

Sichtbar für alle seine Mitschüler. Für diejenigen, die

ihn nicht einmal kannten, und für diejenigen, die Bescheid gewusst und trotzdem nicht den leisesten Versuch gemacht haben, es zu verhindern. Für die Mitschüler, die Arbeiten, Projekte und Wandbilder anfertigen zum Thema *Weltfrieden*, *Hilfe für die Schwächsten* und *Völkerverständigung*, jedoch nicht gewusst haben, wie sie jemandem in ihrer Mitte helfen sollten.

Sichtbar auch für die Eltern dieser Mitschüler, die den Vorfall beklagen werden, wenn sie davon erfahren: *Armer Junge, hoffentlich geht's ihm gut, wie so was bloß passiert ist?* …, und die diesen Jungen niemals mit dem Jungen in dem Wespenvideo in Verbindung bringen werden, das sie so lustig fanden.

Sichtbar ab jetzt natürlich auch für alle Journalisten, die nun etwas haben, womit sie die Schlagzeilen füllen können, und sei es nur für ein paar Tage.

Wieder sichtbar für Zaro, seinen besten Freund, der mit sich selbst genug gestraft ist. Der sich ein Leben lang fragen wird, was er hätte tun können, wann er hätte eingreifen können, wie er die Vergangenheit wiedergutmachen kann …

Sichtbar natürlich auch für Kiri, die ihm zwar mit ihren Zeichnungen zu helfen versucht hat, aber weiß, dass es nicht genug war. Die seit Tagen in ihrem Zimmer weint, vor Wut, vor Ohnmacht, vor Liebe … Die weiter an einem Brief schreibt, den sie ihm vielleicht irgendwann geben wird, wenn sie den Mut dazu findet.

Und sichtbar vielleicht auch wieder für uns alle – aber das werden wir nie erfahren –, die wir schon einmal etwas beobachtet haben, das wir nicht sehen wollten, und lieber weggeschaut haben; sichtbar für uns alle, die wir nach dem Motto leben: Solange es mich nicht selbst betrifft, ist es nicht mein Problem.

★★★

DER DRACHE

Sie geht weinend durch die Straßen, ohne eine einzige Träne zu vergießen. Vielleicht weil die lieber um ihre Augen herum geblieben sind und einen Schutzschild geschaffen haben, der ihr dabei hilft, die Wirklichkeit verschwimmen zu lassen.

Diesmal schleift der Drache einen Körper mit, der sich weigert weiterzugehen, der bei jedem Schritt stehen bleibt und sich vorstellt, was hätte passieren können, wenn der Zug eine Sekunde früher gekommen wäre, wenn der Junge eine Sekunde später ausgewichen wäre.

Ein Körper, der entschlossen ist, nie wieder die Augen zuzumachen und so das Gewicht des Schmerzes in seinen Pupillen zu ertragen. Sie beißt sich auf die Unterlippe, bis es nach Blut schmeckt, ballt die Fäuste, bis die Fingernägel ein Muster in der Haut hinterlassen; atmet schwer, als hätte sie nun selbst einen Elefanten auf der Brust …

Sie geht weiter, ohne den Blick zu heben, wie als kleines Mädchen, als sie dachte, so würden die Monster sie nicht bemerken.

Mehrere Kreuzungen und tausend Gedanken später bleibt sie an einer Ecke endlich stehen. Sie ist fast da. Hebt den Kopf und sieht mit benebeltem Blick zur anderen Straßenseite. Macht das gesuchte Gebäude aus.

Es hat nichts Besonderes an sich ... ein beliebiges Gebäude mitten im Wirrwarr des Lebens, so ähnlich denen in seiner Umgebung, so gewöhnlich, so ... Trotzdem weiß sie, dass es dieses ist.

Sie holt tief Luft, und ohne sich auch nur umzublicken, setzt sie sich in Bewegung mit dem Gefühl, dass der Drache sie vor jeder Gefahr beschützen wird.

Sie überquert die Straße.

Nach etlichen weiteren Schritten erreicht sie den Eingang. Sie seufzt, in Wirklichkeit weiß sie nicht, ob sie bereit ist für das, was sie darin erwartet, für eines dieser Gespräche, bei denen jedes Wort einen Stachel hat.

Sie seufzt noch zwei oder drei Mal oder vielleicht vier oder fünf, bis sie schließlich hineingeht. Dabei hält sie das Gewicht der Tränen in ihren Augen zurück, die noch nicht zu blinzeln gewagt haben.

Sie ruft den Aufzug, der sofort kommt.

Sobald sie drinnen ist, drückt sie sanft den Knopf für die vierte Etage.

Der Aufzug fährt nach oben. Und sie mit ihm.

Der Drache ebenfalls.

Beim Betreten des Treppenabsatzes starrt sie die Zahl an, die auf einer der drei Wohnungstüren steht: *4b*.

Stille.

Der Aufzug schließt sich völlig geräuschlos und verschwindet nach unten, als wollte er einer Situation entfliehen, die aller Voraussicht nach ebenso unangenehm wie schmerzhaft werden wird.

Genau in diesem Moment schließt sie endlich die Augen, so dass sich ein Schwall Tränen auf die Fußmatte ergießt: *Willkommen.*

Und bleibt da stehen, wartet, auch wenn sie weiß, dass niemand ihr aufmachen wird.

Denn sie kennt die Frau, die in dieser Wohnung wohnt, nur allzu gut, es ist dieselbe, die jetzt vor der Tür steht und überlegt, ob sie hineingehen soll oder nicht.

★★★

Sobald sie die eigene Wohnung betritt, geht sie schnurstracks in das Zimmer, in dem sie heute Morgen aufgewacht ist. Dort zieht sie sich aus: eine Jacke, die sie nicht vor der inneren Kälte zu schützen vermocht hat, die sich breitmacht, wenn die Welt aus den Fugen gerät; Schuhe voller Erde, Wut und Ohnmacht; ein Kleid mit Spritzern von fremdem Blut, das sie daran erinnert, dass der Vorfall wirklich passiert ist …

Sie steht nackt vor dem Spiegel, und da, als sie sich ansieht, merkt sie, dass sie nicht allein ist. Er ist weiterhin direkt hinter ihr, auf ihrer Haut. Wenn sie ihn sehen will, muss sie sich nur umdrehen und, mit dem Rücken zum Spiegel, den Kopf ein wenig nach hinten drehen.

Das tut sie. Und sieht ihn.

Sie sieht einen Drachen, der vor vielen Jahren geboren wurde, als sie ungefähr genauso alt war wie dieser Junge, der heute fast vom Zug überfahren worden wäre. Das Problem ist, dass der Drache spät geboren wurde, als ihr Rücken schon nicht mehr unschuldig war, als sie derartige Schmerzen hatte, dass sie dachte, sie würde auf der Stelle tot zusammenbrechen.

Sie löscht das Licht, langsam legen sich die beiden ins Bett. Sie auf den Bauch, damit ein Drache, der nach dem Vorfall am Bahngleis erschöpft ist, Luft bekommt.

In dieser vertrauten Situation werden die beiden wortlos miteinander reden, werden sich daran erinnern, was vor vielen Jahren geschah, am Tag, als sie fast gestorben wäre, am Tag, als der Drache geboren wurde.

★★★

Es war ein beliebiger Tag im Leben eines Mädchens, das das Klassenzimmer immer von Angst begleitet betrat; das sich, wenn es morgens aus seinem Elternhaus ging, immer wünschte, der Schultag wäre schon um.

Ein Mädchen, das sich nur in seinem Zimmer sicher fühlte. In vier Wänden voller phantastischer Wesen und Orte, die im wirklichen Leben ebenso unmöglich waren wie normal in den Büchern, die sie las.

Und über allen Bildern an den Wänden nahm ein riesiger Drache einen großen Teil der Decke ein.

Ein Drache, dem sie viele Jahre lang erzählt hatte, was ihr im Alltag alles widerfuhr. Den sie um die Hilfe bat, die niemand ihr geben konnte.

Ihr Zimmer war dieser Schlupfwinkel, wo sie die Gesellschaft und Geborgenheit fand, die sie in der wirklichen Welt nie erhielt.

Ein Mädchen, das nur Freitag- und Samstagnacht gut schlief, jedoch zu zittern begann, wenn der Sonntag zu Ende ging. Ein Körper, der morgens nicht aufwachen wollte, um nicht wieder dem Alleinsein ausgesetzt zu sein, sobald er aus dem Haus ging.

Sie traf sich nicht mehr mit Sara und auch nicht mit

Martina und nicht einmal mehr mit Laura, ihren drei engsten Freundinnen, die sich von ihr zurückgezogen hatten, als sie zum Opfer geworden war.

Jetzt ging sie allein zur Schule, spähte unterwegs um jede Ecke und schlug die Augen nieder, sobald sie sich dem Ort näherte, der nichts als Leiden bedeutete. Vielleicht weil sie sich einredete, wenn sie die Monster nicht ansah, würden sie sie nicht bemerken.

Ein Mädchen, das in letzter Zeit nur zwei Lösungen für seine Zukunft sah: wie durch Zauberei sofort erwachsen zu werden oder ... etwas zu unternehmen, um es niemals zu werden.

Sie wusste nicht einmal mehr, wann es angefangen hatte. Es war einfach passiert. Sie war nicht besonders groß und nicht besonders klein, nicht besonders hübsch und nicht besonders hässlich ... Es gab keinen Vorwand, um das Verhalten ihrer Angreiferinnen zu rechtfertigen.

Als das Mädchen an diesem Morgen aus dem Haus ging, war es darauf gefasst, Fußtritte, Schubser und alle möglichen Schläge zu bekommen; auch darauf, dass man ihm auf das Pausenessen oder auf den eigenen Körper spuckte; dass man ihm die Tasche wegnahm und irgendwo hinschmiss; zweifellos auch auf verächtliche Blicke, darauf, ignoriert zu werden und in der großen Pause allein herumzulaufen ... Nicht gefasst war es jedoch auf das, was an diesem Tag passierte. Darauf war niemand gefasst.

Hätte man es vermeiden können? Diese Frage stellten sich anschließend viele, wenn nach der Katastrophe nur noch das Klagen bleibt.

Ja, klar hätte man es vermeiden können, viele hätten es vermeiden können: ihre Mitschüler, die Freundinnen, die nie welche waren, sogar die ehemaligen Freundinnen; die Lehrer, die davon wussten, und diejenigen, die nichts taten, um davon zu erfahren; der Rektor der Schule; die Eltern ihrer Mitschüler, die etwas ahnten und dachten, es ginge sie nichts an, sogar ihre eigenen Eltern, wenn sie an manchen Tagen, wenn das Mädchen mit schmutzigen Kleidern nach Hause kam, hartnäckiger nach der Wahrheit gefragt hätten … Jeder Einzelne hätte es verhindern können, aber das hätten sie früher tun müssen, viel früher; an diesem Tag nicht mehr, an diesem Tag waren die Würfel bereits gefallen.

Was dieses Mädchen nie gedacht hätte, als es an diesem Morgen aus dem Haus ging: dass der Wunsch, den es jede Nacht an den Drachen an ihrer Decke richtete, in Erfüllung gehen würde: *Ich will nicht mehr in die Schule.*

★★★

War doch nur Spaß, lautete der Satz, der alles rechtfertigte. *War doch nur Spaß*, als sie ihre Tasche versteckten. *War doch nur Spaß*, als sie sie schubsten und dieser kleine Körper hinfiel. *War doch nur Spaß*, wenn sie ihr beim Turnen die Kleider wegnahmen, wenn sie ihr ins Essen spuckten, wenn sie das Wort *Nutte* neben ihren Namen an die Tafel schrieben ... *Es war doch nur Spaß*.

Und ja, was an diesem Tag passieren würde, sollte auch ein Spaß sein.

Es war zur Essenszeit, einem der schlimmsten Momente für ein Mädchen, das nie Hunger hatte.

Das Ritual war jeden Tag mehr oder weniger dasselbe. Sie setzte sich allein hin, fühlte sich ständig beobachtet, verletzlich. Sie aß etwas, sehr wenig, und wartete darauf, dass ihre Monster herbeikamen. Sobald sie da waren, bewarfen sie sie fast immer mit Essen, damit sie den Rest des Tages mit Flecken auf der Kleidung herumlaufen musste. Flecken, die sie beim Nachhausekommen immer zu verbergen versuchte, dass nicht Fragen eine allzu schmerzhafte Wahrheit aufdeckten.

Doch an diesem Tag ... an diesem Tag verhielt sich das Mädchen anders, vielleicht weil es ein wunderschönes neues Kleid trug, das es geschenkt bekommen hatte, vielleicht weil alles ein Ende hat, auch die Angst, oder einfach weil der Drache in ihr schon fast da war.

An diesem Tag entschied sie, dass sie ihr keine Flecken aufs Kleid machen würden. Als sie näher kamen, aß sie deshalb alles ganz schnell auf, damit sie nichts mehr hatten, womit sie sie bewerfen konnten.

Aber Bösartigkeit gibt sich nicht so schnell geschlagen, und als die Monster das sahen, dachten sie sich etwas anderes aus. Eines ging an einen anderen Tisch und nahm einen Teller mit einem Rest Suppe.

Die drei grinsten schon von weitem. Es war klar, wer das Opfer sein würde.

Langsam kamen sie auf sie zu.

Die Klingel schrillte.

Und Hunderte Körper verließen einen Saal, der immer leerer und immer stiller wurde.

Zitternd sah sich das Mädchen nach einem Ausweg um, nach irgendeinem Ort, wo es der Wirklichkeit, die da auf es zukam, entfliehen konnte.

Und sie entdeckte einen. Die Tür zur Küche.

Sie stand auf und lief hin.

Drinnen würde bestimmt eine der Köchinnen sein. Aber zu ihrer Überraschung war da niemand. Vielleicht brachten sie den Müll weg oder rauchten draußen die letzte Zigarette des Arbeitstages ... Sie war allein.

Sie begann zu zittern, denn sie wusste: Ihr blieb keine Zeit, einen anderen Ausweg zu suchen.

Die Tür hinter ihr ging auf, und drei Monster kamen herein.

Was dann folgte, waren nur die Konsequenzen dessen, was alle sahen, aber niemand abstellen wollte. Denn die Konsequenzen holen einen früher oder später ein.

★★★

Das Mädchen duckte sich und kroch auf allen vieren durch die Küche, vielleicht um Zeit zu gewinnen, bis irgendein Erwachsener auftauchte und das Ganze einfach als Schreck oder als Scherz endete.

Auf Knien rutschte sie weg von der Tür, ans andere Ende der Küche. Von hier unten konnte sie ganz genau sehen, wie die Beine der Monster auf sie zukamen.

Wir haben dich gesehen, wir wissen, wo du bist, flüsterten sie von oben.

Das Mädchen kauerte sich wie ein wehrloses Tier in der hintersten Ecke direkt neben dem großen Herd zusammen.

Wir wollen dir nur noch ein bisschen mehr Suppe geben. Wir haben gesehen, dass du sehr schnell gegessen hast, vielleicht hast du ja noch Hunger.

Das Mädchen saß auf dem Boden und hielt die Beine umschlungen. Jetzt bereute sie es, dass sie der üblichen Demütigung hatte entgehen wollen. An die war sie zumindest schon gewöhnt.

Stille.

Einen Moment lang dachte sie, die Monster hätten jemanden gesehen und wären hinausgerannt.

Nun nahmen die Dinge ihren Lauf.

Da bist du ja!, schrie eine von ihnen, während die beiden anderen lachten.

Was dann geschah, wird jede Beteiligte anders erinnern, auch wenn keine es jemals vergessen wird. Die Monster werden einfach sagen, dass es bloß Spaß war. Das Mädchen wird nie Worte finden, um es zu beschreiben.

Da bist du ja!

Bei diesem Ausruf sprang das Mädchen instinktiv auf, um zu flüchten und zur Tür zu laufen.

Was sie nicht merkte: Über ihr ragte ein Stiel ein Stück über den Herd hinaus. Er gehörte zu einer großen Pfanne, in der gerade Öl für das Essen am nächsten Tag erhitzt wurde.

Gleich als sie sich aufrichtete, prallte sie mit der Schulter an den Stiel und versetzte der großen Pfanne einen Schubs zur Seite und nach außen, direkt an den Rand der Katastrophe. Ein Zusammenprall, der dazu führte, dass sie sich instinktiv wieder duckte.

Den Rest übernahm die Schwerkraft. Die große Pfanne neigte sich langsam, aber unaufhaltsam zu ihr und goss ihr einen Teil des Öls über den Rücken.

Zuerst auf ein wunderschönes Kleid, das sie keine Sekunde schützen konnte. Genau dieser Stoff tätowierte sich zusammen mit dem Öl in die Haut eines Mädchens, das zuerst schrie wie noch nie in seinem Leben und dann vor Schmerz ohnmächtig wurde.

Der Schrei flüchtete ins Freie, fuhr durch die Körper der Monster, drang bis in die letzte Ecke der Schule, gelangte hinaus auf die Straße, in die Stadt, in die Welt ...

Ein Schrei, der im Lauf der Zeit auch durch Tausende von Gewissen fahren würde.

Sobald die Monster sahen, was geschehen war, rannten sie hinaus. Das Mädchen ließen sie auf dem Boden liegen.

So wurde ich geboren, raunt der Drache einer Frau zu, die keinen Schlaf findet. In dieser Nacht zerhämmern die Erinnerungen jeden Gedanken.

Sie weint.

Und presst die Augen zu, so dass die Tränen aus den Augenwinkeln quellen.

Sie holt Luft und vergräbt den Kopf im Kissen. Sie weiß, wenn sie sich darauf konzentriert, die Luft anzuhalten, verschwimmt der Schmerz ... zumindest eine Weile.

Zehn Sekunden, zwanzig, dreißig, vierzig ...

Ruckartig hebt sie den Kopf und reißt den Mund weit auf, um Luft zu holen.

Nicht mal das funktioniert heute. Sie weint wieder.

Sie fühlt sich so klein, so ohnmächtig ... so verloren in einer Welt, die sie nicht versteht.

Und sie denkt an jenes kleine Mädchen, an all die Kinder, die sich wünschen, das Leben wäre bald vorbei, anstatt es zu genießen.

Wie lange noch?, fragt sie den Drachen.

Wie lange noch? Wie lange noch? Wie lange noch? ...

Vielleicht so lange, bis der Mensch irgendwann menschlich wird, flüstert ihr der Drache zu, während er die Flügel um den Körper der Frau breitet.

Sie bemerkt einen Schauder am Rücken und beruhigt sich nach und nach.

Dennoch geht ihr die Erinnerung an diesen Tag nicht aus dem Kopf: wie sie das Essen hastig in sich hineingestopft hat, wie sie vor den Monstern in die Küche geflohen ist, sich in die Ecke gekauert hat ... und plötzlich das Gefühl, wie ihre Haut von innen heraus schmilzt. Schmerz, Schmerz, Schmerz ... ein so intensiver Schmerz, dass ihr Körper streikte.

Sie weint wieder.

Vergräbt den Kopf im Kissen. Zehn Sekunden, zwanzig, dreißig ... dann Luft holen.

Sie wird ruhiger ...

Beide wissen, dass es eine lange Nacht wird.

Hätte ich dich doch damals schon um mich gehabt!, flüstert ihm die Frau unter Tränen zu.

Hättest du mich doch nie kennenlernen müssen!, gibt der Drache zurück.

Dieser Roman ist all denen gewidmet, die sich
unabhängig von ihrem Alter
einmal unsichtbar gefühlt haben.

Für euch, für uns.

Damit ihr nie, nie, nie aufhört,
nach eurer Luna zu suchen.
Und nach eurem Drachen.

Danke.

Was ist Mobbing?

Mobbing ist, wenn sich Mitschüler gegenüber einer Schülerin oder einem Schüler über längere Zeit aggressiv verhalten und sie bzw. ihn absichtlich körperlich und / oder seelisch schädigen.

Täter brauchen Zuschauer. Ohne Zuschauer sind sie machtlos.

Mobbing geschieht öffentlich, es geht von einem einzelnen Schüler aus oder von einer ganzen Gruppe, und es kann nur über längere Zeit funktionieren, wenn ihr das Verhalten der Täter duldet, euch daran erfreut oder es sogar bewundert.

Mobbing kann jeden treffen

Den typischen Betroffenen gibt es nicht. Mädchen wie Jungen werden gemobbt, und das in fast jeder Klasse. Wer gemobbt wird, hat kaum Kraft, sich aus dieser Situation selbst zu befreien!

Wieso gemobbt wird

Viele denken darüber nicht nach. Sie machen einfach mit, weil es cool ist, zur Clique zu gehören und das zu machen, was die anderen tun. Doch was, wenn du selbst gemobbt wirst, weil du die falschen Klamotten trägst, uncool redest, plötzlich dicke Pickel kriegst? Ein »Problem« lässt sich bei jedem finden.

Mobbing-Warnzeichen

Jemand in deiner Klasse wird …
- gemieden, nicht beachtet, ausgeschlossen
- verspottet, eingeschüchtert, bedroht
- geschubst, getreten, geschlagen
- unfreiwillig in Streitigkeiten und Kämpfe verwickelt
- per E-Mail, SMS oder im Netz wiederholt schikaniert
- Seine Sachen werden weggenommen, beschädigt oder verstreut

Was du tun kannst

Suche dir Verbündete. Besonders Lehrer oder Sozialarbeiter müssen und können Mobbing in der Schule stoppen. Sprich mit ihnen, wenn du gemobbt wirst. Das ist kein Petzen, sondern damit schützt du dich selbst. Hast du Angst, mit ihnen zu sprechen, schreibe eine E-Mail oder einen Brief. Wenn deine Lehrer versuchen, die Sache zu verharmlosen, gib nicht auf. Bleib dran, auch wenn es schwer für dich ist.

Freundlich, fair, einfühlsam

- Stell dir vor, wie du von anderen Menschen behandelt werden möchtest, und dann verhalte dich so.
- Beteilige dich nicht am Mobben von Mitschülern.
- Stell dich auf ihre Seite, wenn du dich traust. Wenn du dich nicht traust, kann ein Spruch helfen, wie: »Mobbing ist peinlich!«

- Überlege mit deiner Klasse, wie ihr Gewalt verhindern und was ihr tun könnt, damit sich alle Schüler wohlfühlen. Bitte deine Lehrer, Sozialarbeiter oder Schulpsychologen, das zum Thema in der Klasse zu machen.
- Starte in deiner Schule eine Umfrage zum Thema Mobbing.
- Organisiere einen Projekttag.

Erzähle anderen darüber

So wird den Tätern der Boden entzogen, und die Betroffenen erhalten mehr Unterstützung.